Round the Corner

Anglais *Collège*
Palier 1 • 1re année

Sous la direction de :
Claude Gosset
Professeur certifié

Gwyneth A. Cairns
Post Graduate Certificate of Education
in Secondary English, University of London
Intervenante en écoles primaires

Maurice Clutier
Inspecteur pédagogique régional à l'Académie de Lyon

Stéphanie Crescent
Professeur certifié
Collège Saint Jean de Passy, Paris

Michel Ollivier
Professeur certifié

Bordas

Tous nos remerciements
à Madame Laure Saint-Martin
pour sa relecture attentive.

Direction éditoriale : Sylvie Roussel

Édition : Catherine de Bernis

Correction : Jamie Wiens

Couverture : Rampazzo & Associés ; illustration : Paul Gendrot

Conception graphique intérieure : adaptation par Jehanne Marie Husson

Mise en pages : Jehanne Marie Husson

Illustrations : Catherine Beaumont, Ségolène Robin, Bruno Liance

Cartographie : Édigraphie

Fabrication : Josette Guille

Gravure : Dupont

ISBN 2-04-732029-1

My Neighbour is American!

STAGE 1

STARTERS

→ Manuel p. 19

1 Listen to the dialogue and tick the correct answer. Écoute le dialogue et coche la bonne réponse.

a. Who is the boy?

☐ Michael ☐ Brian

b. Who is the girl?

☐ Anita ☐ Laura

2 Listen to the dialogue and tick the correct answer. Écoute le dialogue et coche la bonne réponse.

a. Where is Anita from?

☐ San Francisco ☐ Bombay

b. Is Anita English?

☐ Yes, she is. ☐ No, she isn't.

c. Where is Brian from?

☐ Bristol ☐ Bath

Step 1 What's your name?

→ Manuel p. 20-21

1 Warm up

→ Manuel p. 20

a. Who is in the group? Listen and tick. Qui est dans le groupe ? Écoute et coche.

☐ Caroline	☐ Maya	☐ Ed	☐ Pearl
☐ Rebecca	☐ Lily	☐ Katie	☐ Rose
☐ Jessica	☐ Suzie	☐ Hugh	☐ Laura
☐ Barbara	☐ Tony	☐ Gordon	☐ Peter
☐ Tom	☐ Theo	☐ Lisa	☐ Jeremy

Who's missing? Qui est absent ? ....

2 Get ready

→ Manuel p. 20

Listen and tick. Écoute et coche la bonne case.

☐ Les personnages se rencontrent. ☐ Les personnages se quittent.

Note it!

→ Manuel p. 20

Complete the dialogue. En imitant le dialogue page 20, invente ton propre dialogue.

– .... your name?

– My .... 's .... Who are you?

– I'm ....

3 Listen then say what you understand

→ Manuel p. 21

a. Who says what? Match the pictures and the texts. Qui dit quoi ? Relie les dessins aux textes.

Hello!

Hi!

b. Write the names. Écris les noms.

- I'm L............................ B..
- My name's ....

c. Tick the correct sentence. Coche la bonne phrase.

Laura says:
☐ I'm Laura Baker, your teacher.
☐ I'm Laura Baker, your neighbour.
☐ I'm Laura Baker, your baker.

4 What about you?

→ Manuel p. 21

a. Speak to your neighbour. Ask him / her who he / she is. Parle à ton voisin / ta voisine. Vous vous présentez.

b. Write your dialogue. Écrivez votre dialogue.

....

....

....

....

....

....

....

GRAMMAR : le verbe *be* au présent

REMEMBER AND THINK

A **Observe les phrases suivantes. Souligne le sujet en vert, le verbe en rouge, le mot interrogatif en bleu.**

a. *Who are you? I'm Dave.*

b. *Where are you from? I'm from San Francisco.*

c. *He isn't English, he's American.*

d. *How is Laura? She's fine.*

Maintenant, classe dans le tableau les formes pleines et les formes contractées de *be*.

Formes pleines	Formes contractées
....	....
....	....
....	....

B **Compare les phrases. Souligne le sujet en vert et le verbe en rouge.**

a. *Michael is American.*

b. *Is Michael American?*

La phrase **a.** est affirmative, l'ordre des mots est donc .... + ...

La phrase **b.** est interrogative, l'ordre des mots est donc .... + ...

C **Compare les réponses en anglais et en français. Que remarques-tu ?**

a. *Is he American?* ***Yes, he is.*** Est-il américain ? **Oui.**

b. *Is he a cowboy?* ***No, he isn't.*** Est-ce un cowboy ? **Non.**

En français, je me contente de répondre par .... ou .... mais en anglais, je réponds en reprenant le .... et le .... de la question.

NOW, PRACTISE WHAT YOU KNOW

1 Relie les questions de la colonne A aux réponses de la colonne B pour que les phrases aient un sens logique.

A	B
What's your name? •	• I'm fine.
Is Laura American? •	• He's from California.
How are you? •	• My name's Dave.
Where is Michael from? •	• No, she isn't.

2 Lis attentivement les phrases suivantes et écris pour chacune s'il s'agit :

- **d'interroger quelqu'un sur son identité, son origine ;**
- **de saluer quelqu'un ;**
- **de se présenter ;**
- **de présenter quelqu'un.**

a. Hello! My name's Laura. ....

b. See you, Michael. ....

c. This is Claire. ....

d. What's your name? ....

e. Where are you from? ....

3 Tu ne connais ton voisin / ta voisine que depuis la rentrée de septembre. Pose-lui quelques questions à l'aide des amorces proposées.

a. What ....?

b. Are ....?

c. Where ....?

d. How ....?

Step 2 He isn't English!

→ Manuel p. 22-23

1 Warm up

→ Manuel p. 22

a. Listen and tick. **Écoute et coche la bonne case.**

	Affirmation	Question
Who are you		✔
I'm Laura	✔	
How are you		
I'm fine		
What about you		
I'm OK		
Where are you from		
Texas		

b. Manuel

c. Answer the questions. Réponds aux questions.

- Where is Liz from? She ....
- Where is Jack from? He ....
- Véronique! Where are you from? I ....
- Enzo! Where are you from? I ....
- Ted and Bruce, where are you from? We .... and ....

2 Get ready

→ Manuel p. 22

Listen and match. **Écoute et associe chaque nom de personnage avec le drapeau de son pays d'origine et son passeport.**

MICHAEL LAURA

Note it!

→ Manuel p. 22

Complete the dialogue. **En imitant le dialogue page 22, invente ton propre dialogue.**

– Are you ...., ...?

– No, I'm not. I'm ....

– Where are you from?

– I'm from ...., ...

3 Listen then say what you understand

→ Manuel p. 23

a. Listen and tick the grids. Écoute et coche les grilles.

First listening. Première écoute.

	Michael	Brother: Dave	Sister: Claire	Laura
OK				
fine				

Second listening. Deuxième écoute.

	Michael	Brother: Dave	Sister: Claire	Laura
English				
American				
not from Texas				
from California				

Third listening. Troisième écoute.

	Michael	Brother: Dave	Sister: Claire	Laura
horrible				
nice				
a cowboy?				

b. Check your answers with your neighbour. Vérifie tes réponses avec ton voisin.

Ask: Who is OK? **Answer:** Laura is.

4 What about you?

→ Manuel p. 23

Who are you? Make sentences. Qui es-tu ? Fais des phrases.

- Name: ……………………………………………
- Age: ……………………………………………
- Nationality: ……………………………………………
- ……………………………………………
- ……………………………………………
- ……………………………………………

GRAMMAR : les pronoms personnels sujets

REMEMBER AND THINK

A Observe le pronom *you* dans les phrases suivantes. Complète et coche les cases.

a. *How are you, Michael? I am fine.*

b. *How are you, Dave and Claire? We are fine.*

• Dans la question **a.**, *you* correspond à ...., c'est-à-dire à une seule personne.
You est donc : ☐ singulier ☐ pluriel.

• Dans la question **b.**, *you* correspond à ...., c'est-à-dire à deux personnes.
You est donc : ☐ singulier ☐ pluriel.

You est donc singulier quand il correspond à .... personne et pluriel quand il correspond à .... personnes.

La réponse à une question avec *you* au singulier est le pronom ....

La réponse à une question avec *you* au pluriel est le pronom ....

B Compare avec le français.

a. Comment vas-**tu**, Pierre ?	*How are **you**, Pierre?*
b. Comment allez-**vous**, Pierre et Jeanne ?	*How are **you**, Pierre and Jeanne?*
c. Comment allez-**vous**, Monsieur Martin ?	*How are **you**, Mr Martin?*

• J'emploie le pronom « tu » quand je parle à .... seule personne que je connais bien, à un ami.

• J'emploie le pronom « vous » quand je parle à .... personnes ou à une seule personne que je ne .... bien.

En anglais, pour traduire « tu » et « vous », j'emploie le même pronom : ....

NOW, PRACTISE WHAT YOU KNOW

1 Relis le dialogue page 23 de ton manuel et trouve les questions.

- ....? I'm OK, thank you.
- ....? I'm fine, thanks.
- ....? I'm from San Francisco, California.

2 Écris une phrase complète. Utilise des pronoms à la place des noms comme dans l'exemple.

Laura / English → She is English.

- Michael / American ....
- Dave and Claire / horrible ....
- Dave and Claire / nice ....

3 **Dis si *you* est singulier ou pluriel. Coche la bonne case.**

a. How are **you**, Dave and Michael?

☐ singulier ☐ pluriel

b. Where are **you** from, Laura?

☐ singulier ☐ pluriel

c. Where are **you** from, dear neighbours?

☐ singulier ☐ pluriel

d. **You** are horrible, my little brother and sister.

☐ singulier ☐ pluriel

4 **Maintenant, complète les réponses aux questions ci-dessus.**

a. .... are fine.

b. .... am English.

c. .... are from California.

d. No, ... aren't.

Step 3 We all speak English!

→ **Manuel** p. 24-25

1 **Listen then complete the grid.** Écoute puis complète la grille. Coche la case qui convient comme dans l'exemple.

	USA	Australia	Canada	England	Jamaica	France
James				✔		
Alison						
Gareth						
Samantha						
Trent						
Cammie						
Pierre						

2 **Manuel**

3 **Complete the sentences.** Complète ces phrases comme dans l'exemple. **Remplace les noms par des pronoms.**

James → He's from England.

- Pierre .... 's from ....
- Alison .... 's from ....
- Cammie .... 's from ....
- Trent .... 's from ....
- Gareth and Samantha .... 're from ....

4 **Complete the grid with the country or the nationality.** Complète la grille avec le pays ou la nationalité.

Country	Nationality
England	*English*
Australia	....
....	Jamaican
the USA	....
France	....
....	Canadian

Language Corner

→ Manuel p. 26-27

MISS MOUTH AND MR EAR

→ Manuel p. 26

Listen and write. Écris sous chaque dessin le nom que tu entends. Attention ! Utilise des majuscules.

....

....

....

....

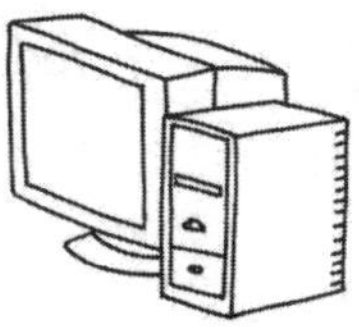
....

....

....

....

LANGUAGE ACTIVITIES

→ Manuel p. 27

1 **Ask your neighbour to fill in the table.** Interroge ton voisin pour remplir le tableau.

	You	Your neighbour
Name		
Nationality		
Town		
Age		

Back to School

STAGE 2

STARTERS

→ Manuel p. 29

1 Listen to the dialogue and tick the correct answer. Écoute le dialogue et coche la bonne réponse.

a. Is Mr Wilson a gym teacher?
☐ Yes, he is. ☐ No, he isn't.

b. Where is he from? He's from:
☐ America. ☐ Australia.

c. Is he English?
☐ Yes, he is. ☐ No, he isn't.

2 Listen to the dialogue and tick the correct answer. Écoute le dialogue et coche la bonne réponse.

a. Who is the boy?
☐ It's Michael. ☐ It's Brian.

b. Who is the girl?
☐ It's Anita. ☐ It's Laura.

c. What has Laura got?
☐ A new school bag. ☐ A red T-shirt.

Step 1 We've got new uniforms!

→ Manuel p. 30-31

1 Warm up

→ Manuel p. 30

a. b. et c. Manuel

d. Complete the sentence. Complète la phrase.

My neighbour's got a .... jumper, a black .... , ...

shoes and ....

e. Look at the pictures page 30. Imagine a great school uniform. Now draw it. Regarde les dessins page 30 de ton manuel. Imagine un super uniforme scolaire. Maintenant dessine-le.

2 Get ready

→ Manuel p. 30

a. Listen. Where are they? Écoute. Où sont-ils ?

They are: ☐ in the garden. ☐ in a room. ☐ at school.

b. What is the conversation about? Quel est le sujet de la conversation ?

It's about: ☐ school. ☐ uniforms. ☐ trousers.

Note it!

→ Manuel p. 30

Complete the dialogue. En imitant le dialogue page 30, invente ton propre dialogue.

– Have you got your ....?

– Yes, I have.

– Have you got ....?

– No, I haven't! .... horrible!

3 Listen then say what you understand

→ Manuel p. 31

a. Listen to the dialogue and tick. Écoute le dialogue et coche.

• Anita is:	☐ a new bus driver.	☐ a new girl.	☐ a new teacher.
• The blazers are:	☐ red.	☐ orange.	☐ navy blue.
• Girls have got:	☐ white skirts.	☐ red skirts.	☐ black skirts.
• Boys have got:	☐ green shirts.	☐ white skirts.	☐ grey trousers.
• Listen to Michael:	☐ "I've got red shoes."	☐ "My shoes are black."	☐ "I hate black shoes!"

b. Read the dialogue. Lis le dialogue. Retrouve les questions dont voici les réponses.

- .... ? Er... Yes, I have.
- .... ? There are black shoes on the list.

4 What about you?

→ Manuel p. 31

What new clothes have you got? Quels nouveaux vêtements as-tu ?

....

....

GRAMMAR : *have got*

REMEMBER AND THINK

A Tu connais maintenant *be* et *have got*. Compare les formes contractées dans les phrases suivantes.

a. *She**'s** in our school.* **b.** *He**'s** got long hair.*

Dans la phrase **a.**, *'s* est la forme contractée de .... parce que c'est le verbe ....

Dans la phrase **b.**, *'s* est la forme contractée de .... parce que c'est le verbe ....

Pour ne pas confondre ces deux formes contractées, tu dois réfléchir au sens de ces phrases.

B Tu connais aussi deux manières différentes de décrire une personne. Observe les phrases suivantes.

a. *My hair is long.* **b.** *I've got long hair.*

Dans la phrase **a.**, j'emploie le verbe .... suivi d'un ....

Dans la phrase **b.**, j'emploie le verbe .... suivi d'un .... et d'un ....

C Compare les phrases suivantes en anglais et en français.

a. *How old is he? He's 17.* **b.** Quel âge a-t-il ? Il a 17 ans.

En anglais, pour dire l'âge de quelqu'un, j'emploie le verbe ....

et en français, j'emploie le verbe ....

Pour exprimer mon âge en anglais, je dis ....

Pour demander son âge à quelqu'un, je pose la question ....

NOW, PRACTISE WHAT YOU KNOW

1 Associe les questions de la colonne A aux réponses de la colonne B pour que les phrases aient un sens logique.

A	B
1. Has Michael got a uniform? •	• **a.** I've got two.
2. How old are you? •	• **b.** She's very nice.
3. Is your neighbour American? •	• **c.** Yes, he has.
4. How many dogs have you got? •	• **d.** I'm 12.
5. My sister has got blue eyes. •	• **e.** No, he isn't.

2 Tu connais deux manières différentes de faire une description. Observe la première manière et trouve la seconde.

My socks are blue. → *I've got blue socks.*

a. My dog is black. → ....

b. .... → You've got nice uniforms.

c. Our school is big. → ....

d. .... → I've got a green skirt.

Step 2 How many sisters have you got?

→ Manuel p. 32-33

1 Warm up

→ Manuel p. 32

a. Listen and tick. Écoute et coche.

- Joanna has got: ☐ three sisters. ☐ one brother.
- Vicky and Joanna are: ☐ twin sisters. ☐ brothers.
- Toby is: ☐ a baby. ☐ a girl.
- Gareth and Lynn are: ☐ parents. ☐ brother and sister.

2 Get ready

→ Manuel p. 32

a. Listen: where are they? Écoute : où sont-ils ?

They are: ☐ in the garden. ☐ in the street. ☐ at school.

b. What is the conversation about? Quel est le sujet de la conversation ?

It's about: ☐ school. ☐ dogs. ☐ brothers and sisters.

NOTE IT!

→ Manuel p. 32

Complete the dialogue. En imitant le dialogue page 32, invente ton propre dialogue.

– How .... girls .... in your family?

– .... one.

– How old is ....?

– She ....

3 Listen then say what you understand

→ Manuel p. 33

a. About Anita. Listen and tick. À propos d'Anita. Écoute et coche.

- Hello! I'm: ☐ Ameena. ☐ Anita.
- I'm: ☐ 11. ☐ 30.
- I'm from: ☐ New Delhi. ☐ Bombay.
- I live in: ☐ England. ☐ India.
- I've got: ☐ six sisters. ☐ one brother.

b. True or false? Vrai ou faux ?

a. Anita is an American Indian.	☐ True	☐ False
b. Anita is from California.	☐ True	☐ False
c. Laura has got two sisters and two brothers.	☐ True	☐ False
d. Laura has got a brother, Rajiv.	☐ True	☐ False
e. Michael has got a sister and a brother.	☐ True	☐ False
f. Dave is 8 and Claire is 9.	☐ True	☐ False
g. Russ is in Los Angeles.	☐ True	☐ False
h. Russ and Chris are 17.	☐ True	☐ False

4 What about you?

→ Manuel p. 33

"What have you got?" Ask somebody in the class.
« Qu'est-ce que tu possèdes ? » Pose la question à quelqu'un de ta classe.

Example: – *Have you got pets?*
– *No, I haven't. What about you?*

Have you got... • a collection? • pets (dog, cat...)? • a nice sister? • friends? • a big family? • a mountain bike? • a school uniform?

....

....

....

....

GRAMMAR : les adjectifs qualificatifs

REMEMBER AND THINK

A Compare la position des adjectifs dans les phrases suivantes.

a. *We've got **new** uniforms.* **b.** *Your uniforms are **new**.*

Dans la phrase **a.**, l'adjectif « .... » est placé ....

le nom parce qu'il est épithète.

Dans la phrase **b.**, l'adjectif « .... » est placé ....

le verbe *be* parce qu'il est attribut.

B Compare la position d'un adjectif épithète en anglais et en français.

a. *I hate **black** shoes.* → Je déteste les chaussures **noires**.

b. *Oh, a **new** schoolgirl!* → Oh, une **nouvelle** camarade de classe !

En anglais, l'adjectif épithète est toujours .... le nom mais

en français, il peut être .... ou .... le nom.

C Observe les adjectifs dans la phrase suivante :

*A **black** blazer, **black** trousers...*

Avec un nom au singulier comme *blazer*, l'adjectif est ....

Avec un nom au pluriel comme *trousers*, l'adjectif est ....

Donc, avec des noms au singulier ou au pluriel, l'adjectif
- ☐ change de forme.
- ☐ est invariable.

NOW, PRACTISE WHAT YOU KNOW

1 **Imagine que tu es Laura. Elle se décrit en utilisant les mots suivants : *eyes / hair / socks / skirt / shoes.* Utilise les deux manières différentes que tu connais.**

a. My eyes .... → I've got ....

b. .... → ....

c. .... → ....

d. .... → ....

e. .... → ....

2 **Décris-toi en quatre phrases (deux phrases sur ton aspect physique et deux phrases sur tes vêtements).**

a. My ....

b. I've ....

c. ....

d. ....

Step 3 Discover Avon Hill High School

→ Manuel p. 34-35

1 **Listen and look! Écoute et regarde.**

a. Who is present? Qui est présent ?

- ☐ Justin ☐ Michael ☐ Laura ☐ Patrick
- ☐ Andrew ☐ Brian ☐ Charlotte ☐ Anita

b. Who is absent? Qui est absent ?

- ☐ Justin ☐ Michael ☐ Laura ☐ Patrick
- ☐ Andrew ☐ Brian ☐ Charlotte ☐ Anita

c. Who is the teacher? Qui est le professeur ? ....

2 et **3** **Manuel**

4 **Listen to the dialogue. What is it about?**
Écoute le dialogue. Quel en est le sujet ?

☐ School subjects. ☐ Days. ☐ Boys and girls.

5 **Read and understand.** Lis et comprends.

YEAR 7 TIMETABLE

	MONDAY	TUESDAY	WEDNESDAY	THURSDAY	FRIDAY
8.30-8.40	REGISTRATION				
8.40-9.40	*Science*	*Music*	*French*	*Dance*	*Personal Social Health Education*
9.40-10.40	*Maths*	*French*	*Religious Education*	*English*	*English*
10.40-11.00	BREAK				
11.00-12.00	*English*	*Geography*	*Technology*	*Art*	*Maths*
12.00-1.00	*Physical Education*	*Science*	*Art*	*Technology*	*Science*
1.00-1.40	LUNCH				
1.40-2.00	REGISTRATION AND ASSEMBLY				
2.00-3.00	*Technology*	*History*	*Maths*	*Maths*	*Drama*

True or False? Vrai ou faux ?

a. There's a geography lesson on Monday at 11. ☐ True ☐ False
b. Drama is on Friday. ☐ True ☐ False
c. There are four maths lessons. ☐ True ☐ False
d. There is a history lesson at 4 on Tuesday. ☐ True ☐ False
e. There are five lessons on Saturday. ☐ True ☐ False

6 **Write.** Écris.

a. Write your timetable... in English! Écris ton emploi du temps... en anglais !

	Monday	**Tuesday**	**Wednesday**	**Thursday**	**Friday**
Lesson 1					
Lesson 2					
Lesson 3					
Lesson 4					
LUNCH					
Lesson 5					
Lesson 6					
Lesson 7					

b. Now report to the class. Maintenant, fais un compte rendu à la classe.

- On Monday, I've got: *Science, Maths*
- On Tuesday I've got: ....
- On Wednesday ....
- On ....
- ....

7 **Look at the picture and write.**
Regarde le dessin et écris.

Language Corner

→ Manuel p. 36-37

MISS MOUTH AND MR EAR

→ Manuel p. 36

1 **Listen and choose!** Écoute et choisis. Classe les mots que tu entends dans la ligne qui convient comme dans les deux exemples proposés.

- KID: *list* ....
- HI: *fine* ....

2 **Find the odd one out!** Trouve l'intrus. Écoute et classe les mots que tu entends dans la ligne qui convient, puis trouve l'intrus.

- BLACK: ....
- DAVE: ....
- The odd one is: ....

3 **Now, you!** Maintenant à ton tour !
À la suite de chaque mot-exemple, écris trois mots comprenant le même son.

- KID: ....
- HI: ....
- BLACK: ....
- DAVE: ....

I can do it! → Manuel p. 39-40

1

1 Manuel

2 Je sais écrire les cinq prénoms que j'entends épelés.

a. .... **c.** .... **e.** ....

b. .... **d.** ....

3 Je sais interroger un camarade sur son identité. Je l'interroge sur son nom, son âge, sa nationalité, l'endroit où il habite et pour savoir s'il possède des animaux familiers.

....

....

....

....

....

4 Je sais dire la nationalité des personnages suivants.

a. Laura is from England. ....

b. Pierre is from France. ....

c. I'm from America. ....

5 Je sais reconnaître, sur chaque ligne, le mot dont la voyelle ne se prononce pas comme dans les autres mots. Je raye ce mot.

a. Hi / my / Mike / it.

b. English / fine / sister / little.

c. stage / name / cat / hate.

d. cake / have / play / blazer.

6 J'écoute le dialogue et je comprends le nom des personnages, leur âge, leur nationalité, l'endroit où ils vivent et s'ils ont des frères et sœurs.

Nom	Âge	Nationalité	Endroit où ils vivent	Frères et sœurs
....	....	....	....	....
....	....	....	....	....

7 Je sais remettre les mots dans l'ordre pour faire des phrases correctes.

a. brothers / ? / you / have / how many / got

....

b. and / Dave / in / class / Claire / my / are / .

....

c. uniforms / 've / new / we / got / our / .

....

d. shoes / your / very / are / black / nice / .

....

8 Je sais remettre dans l'ordre les phrases d'un dialogue en les numérotant.

– I'm 11 too. ....
– My name's Paul Wilkinson. I'm from Australia. ....
– Hello! Who are you? 1..................
– That's great! I'm English. I'm from Manchester. I'm 11. ....
– I'm Jenny Benfield. What's your name? ....

9 Je sais à quoi correspond la forme contractée *'s*. Je sais donc réécrire les phrases avec la forme pleine *is* ou *has*.

a. My name's Laura.

....

b. He's got two cats.

....

c. Where's Michael from?

....

d. David's got a new uniform.

....

10 Je sais employer l'expression juste dans chacune de ces situations.

a. Quand je pars, je dis : ☐ Hello! ☐ Goodbye! ☐ Hi!

b. Quand je veux connaître le nom de quelqu'un, je dis :
☐ Where are you from? ☐ What's your name? ☐ What's my name?

c. Quand je veux savoir d'où vient quelqu'un, je dis :
☐ Who are you? ☐ Where are you from? ☐ Are you French?

d. Quand je veux demander son âge à quelqu'un, je dis :

☐ How old is she? ☐ How old are they? ☐ How old are you?

e. Quand je veux indiquer qu'il y a un T-shirt dans mon sac, je dis :

☐ There's a T-shirt in your bag.

☐ There's a T-shirt in my bag.

☐ Is there a T-shirt in my bag?

f. Quand je veux dire comment je vais, je dis :

☐ I'm fine. ☐ I'm nice. ☐ I'm horrible.

g. Quand je veux demander à quelqu'un comment il va, je dis :

☐ Who are you? ☐ How are you? ☐ Where are you from?

11 Je sais ajouter les majuscules dans ce texte. Je sais aussi le compléter avec les mots suivants : *American / English / from / has / name / isn't / new / she / twins / uniforms*.

laura baker is .... she's .... bath. her ....

neighbour is .... his .... 's michael carson.

laura .... got a brother and a sister, dave and claire.

they're .... anita .... english. ....'s

indian. laura, anita and michael have got school ....

....

....

....

....

....

....

....

STAGE 3

Fish and Chips

STARTERS

→ Manuel p. 41

1 Listen to the dialogue and tick the correct answer. Écoute le dialogue et coche la bonne réponse.

a. What is there for lunch?
☐ Pizza. ☐ Spaghetti.

b. Who is the girl?
☐ Joanna. ☐ Alice.

c. Has Joe got chocolate cake?
☐ Yes, he has. ☐ No, he hasn't.

2 Listen to the dialogue. Imagine you are Michael or Laura and tick the correct answer. Écoute le dialogue. Imagine que tu es Michael ou Laura et coche la bonne réponse.

a. Do you like beans, Michael?
☐ No, I don't. ☐ Yes, I do.

b. Do you love beans, Laura?
☐ No, I don't. ☐ Yes, I do.

c. Do you like chips, Michael?
☐ No, I don't. ☐ Yes, I do.

Step 1 Do you like apple crumble?

→ Manuel p. 42-43

1 Warm up

→ Manuel p. 42

a. Listen and tick. Écoute et coche.

	Carrots	Chocolate	Fish	Cookies	Beans
Delicious					
Horrible					

2 Get ready

→ Manuel p. 42

Listen and tick. Écoute et coche.

The children are: ☐ in class. ☐ at the school canteen.

Note it!

→ Manuel p. 42

Complete the dialogue. En imitant le dialogue page 42, invente ton propre dialogue.

– Do you like ....?

– Yes, I do.

– Do you like ....?

– No, I don't. I ....!

3 Listen then say what you understand

→ Manuel p. 43

a. Listen and tick. Écoute et coche. Trouve ce que Michael aime un peu, beaucoup ou énormément.

♥				
♥♥				
♥♥♥				

b. Listen to the dialogue again. Who says what? Réécoute le dialogue. Retrouve qui dit quoi.

	Michael	Laura	Brian
– It's OK but... I prefer hamburgers.	☐	☐	☐
– I'm sure you like cheese.	☐	☐	☐
– You don't like cheddar very much, do you?	☐	☐	☐
– I love it!	☐	☐	☐
– What I'd like is a giant hamburger!	☐	☐	☐

4 What about you?

→ Manuel p. 43

What do you like or prefer? Dis ce que tu aimes ou ce que tu préfères en t'aidant des mots ci-dessous :

sports – TV – actors – pop singers – horror films – video games – science fiction – dogs – cats – weekends.

I like ....

I love ....

I like .... but I prefer ....

GRAMMAR : le présent simple (1)

REMEMBER AND THINK

A Observe les deux phrases suivantes. Souligne le sujet en vert, le verbe en rouge. Souligne l'auxiliaire *do* en bleu.

a. *Do you like apple crumble?* **b.** *I love Indian food.*

Dans la phrase interrogative l'ordre des mots est .... + ... + ...

Dans la phrase affirmative, l'ordre des mots est .... + ...

Je remarque qu'il n'y a pas l'auxiliaire .... dans la phrase affirmative.

B Compare les réponses en anglais et en français. Que remarques-tu ?

a. *Do you like ice creams?* ***Yes, I do.*** *Do you like fish?* ***No, I don't.***

b. *Est-ce que tu aimes les glaces ?* ***Oui.*** *Est-ce que tu aimes le poisson ?* ***Non.***

En français, je me contente de répondre par .... ou par ....

En anglais, je réponds en reprenant le .... et l' .... de la question.

C Réponds à ces questions.

a. Quand Michael dit *«I like this fish and I love these chips»* est-ce vrai :

☐ seulement au moment où il le dit ? ☐ toujours ?

b. Quand il dit *«I'd like a giant hamburger»*, veut-il dire :

☐ qu'il aime les hamburgers ? ☐ qu'il aimerait manger un hamburger ?

NOW, PRACTISE WHAT YOU KNOW

1 **Remplace les symboles par des verbes exprimant le goût.**

I ♥ ice cream. → I like ice cream.

a. Do you ♥ cheese? ....

b. I ♥♥ cheddar. ....

c. I ♥̸ hot dogs and I ♥̸♥̸ steak and kidney pie.

....

d. I ♥ apple crumble but I ♥ + ice cream.

....

2 **Remets les mots dans l'ordre.**

Indian food / I / like → I like Indian food.

a. like / you / ? / do / ice cream ....

b. not / uniforms / do / I / like ....

c. fish / hate / I ....

3 **Relie par des flèches les éléments de la colonne A à ceux de la colonne B pour que les phrases aient un sens logique.**

A	B
1. I like soda •	• **a.** it's my favourite cheese.
2. You hate carrots, •	• **b.** is apple crumble for dessert.
3. What I'd really like •	• **c.** but I prefer coke.
4. I love cheddar, •	• **d.** don't you?

4 **Tu écris à un camarade anglais pour lui parler de la nourriture à la cantine de ton collège.**

a. Fais deux phrases pour lui dire ce que tu aimes et ce que tu n'aimes pas.

....

....

b. Pose-lui deux questions pour lui demander ce qu'il aime et imagine ses réponses.

....

....

....

....

Step 2 I hate fish!

→ Manuel p. 44-45

1 Warm up

→ Manuel p. 44

a. Listen and tick. Écoute et coche : la phrase est-elle affirmative (+), interrogative (?) ou négative (-) ?

+ ☐	+ ☐	+ ☐	+ ☐	+ ☐	+ ☐
? ☐	? ☐	? ☐	? ☐	? ☐	? ☐
– ☐	– ☐	– ☐	– ☐	– ☐	– ☐

2 Get ready

→ Manuel p. 44

a. Listen and find the odd one out. Écoute et trouve l'intrus.

....

b. What is the dialogue about? De quoi parle-t-on dans le dialogue ?

....

Note it!

→ Manuel p. 44

Complete the dialogue. En imitant le dialogue page 44, invente ton propre dialogue.

– What is there for ....?

– There is .... and ....!

– I hate .... but I love ....!

– I prefer ....!

3 Listen then say what you understand

→ Manuel p. 45

a. Listen and tick. Écoute et coche.

Anita			
Laura			
Michael			

b. Listen. Imagine you are Michael. Say what you like (♥) and hate (♥̸).
Écoute. Imagine que tu es Michael. Dis ce que tu aimes bien et détestes.

♥				
♥̸				

c. Correct the mistakes. Corrige les dix erreurs qui se sont glissées dans ce texte.
Remplace les mots soulignés par les mots du dialogue.

Laura: Anita, you're from Australia ………………………………, so I suppose you like Indian food.

Anita: Oh yes, I love it! What about you, Laura? Do you like it?

Laura: Well, I'm not from China but I prefer French ……………………………… food.

Michael: And I love...

Anita: Yes, we know! You love steak and kidney pie ………………………………………………, don't you?

Michael: Yes, ... I do!

Laura: Hey, Mum, it's one o'clock... I'm hungry! What is there for dinner ……………………………?

I'd like fish.

Mrs Baker: There's cheese and vanilla milkshake ………………………………………………!

Michael: Yuk! I hate cheese ………………………………!

Laura: But I'm sure you love spaghetti .... Have a try.

Michael: Yum, yum! Well I like fish and I love potatoes ....!

Anita: Great! So, there are five .... things you like in England: fish and chips and apple crumble!

Michael: ... And there's one thing I hate: school uniforms! I'd like a school with a .... uniform!

4 What about you?

→ Manuel p. 45

What don't you like? What do you hate? Qu'est-ce que tu n'aimes pas ? Qu'est-ce que tu détestes ? Aide-toi des mots ci-dessous :

fish – homework – soda – cheese – beans – shopping – rugby – carrots – school – maths.

I don't like .... and ....

I hate .... and ....

GRAMMAR : *some / a / Ø* (= rien)

REMEMBER AND THINK

Observe les phrases suivantes et compare ce qui précède *steak*, *bread* et *ketchup*.

a. *I'd like a steak, some bread and some ketchup.*
b. *I'd like two steaks, some bread and some ketchup.*

• Le nom *steak* fait partie de la catégorie des noms dénombrables parce qu'on peut .... le nombre de *steaks*. Quand il n'y en a qu'un, la forme du nom est donc *steak* précédé de l'article .... Quand il y en a plusieurs, le nom se met au .... et il peut être précédé d'un ....

• Les noms *bread* et *ketchup* font partie de la catégorie des noms indénombrables parce qu'on ne peut ni les .... ni les mettre au .... Ils sont donc précédés de .... quand on veut indiquer une certaine .... On peut aussi les utiliser sans article (Ø).

NOW, PRACTISE WHAT YOU KNOW

1 **Complète avec *some*, *a* ou Ø.**

a. I like fruit and vegetables.

→ Have .... banana and .... melon, then.

b. I love English cooking.

→ Have .... crumble and .... cup of tea, then.

c. I love Italian cooking.

→ Have .... pasta and .... pizza, then.

d. I like eating at Mc Donald's.

→ Have .... hamburger and .... French fries, then.

2 **Tu es dans un restaurant indien et tu parles au serveur. Complète le dialogue.**

– I like Indian food.

– Have .... rice with curry, then.

– That's .... good idea!

– Do you prefer tea or mineral water?

– I'd like .... cup of tea, please.

– What about dessert?

– I'd like .... cheese and .... ice-cream!

Step 3 Time for breakfast!

→ Manuel p. 46-47

1 **What's the time? Listen and write the time. Quelle heure est-il ? Écoute et écris (en chiffres) les heures que tu entends.**

a. ....

b. ....

c. ....

d. ....

2 **Manuel**

3 **What would you like for...? Write your four favourite menus. Que voudrais-tu pour... ? Écris tes quatre menus préférés.**

Breakfast: I'd like ....

Lunch: I'd like ....

Tea: I'd like ....

Dinner: I'd like ....

Language Corner

→ Manuel p. 48-49

MISS MOUTH AND MR EAR

→ Manuel p. 48

1 Listen and underline. Écoute et souligne les syllabes accentuées comme dans l'exemple.

banana	Chinese	family	hungry	sister
biscuits	delicious	hamburger	ketchup	soda
brother	different	hello	neighbour	suppose
cheddar	English	horrible	prefer	uniform

2 Listen and write. Écoute et écris les huit mots que tu vas entendre épelés deux fois.

a. .... **b.** .... **c.** .... **d.** ....

e. .... **f.** .... **g.** .... **h.** ....

LANGUAGE ACTIVITIES

→ Manuel p. 49

1 Write about what you like and you don't like. Écris ce que tu aimes et n'aimes pas. Remplis le tableau te concernant.

I like...	
but I prefer...	
I love...	
I don't like...	
I'm hungry: I'd like...	

2 Now speak to your neighbour. Make notes. Maintenant parle à ton voisin. Note ses réponses dans le tableau.

I like...	
but I prefer...	
I love...	
I don't like...	
I'm hungry: I'd like...	

STAGE 4

Music on the Stones

STARTERS

→ Manuel p. 51

1 Listen to the dialogue. Imagine you are Anita or Brian and tick the correct answer. Écoute le dialogue, imagine que tu es Anita ou Brian et coche la bonne réponse.

a. Do you like old stones, Anita?

☐ Yes, I do. ☐ No, I don't.

b. Brian, do you prefer old stones or dinosaurs?

☐ I prefer old stones. ☐ I prefer dinosaurs.

2 Listen to the dialogue and tick the correct answer. Écoute le dialogue et coche la bonne réponse.

a. Where are Brian and Anita?

☐ In class. ☐ At Stonehenge.

b. Can Brian climb on the stones?

☐ Yes, he can. ☐ No, he can't.

c. Can Brian take a photo?

☐ Yes, he can. ☐ No, he can't.

Step 1 I can play the guitar!

→ Manuel p. 52-53

1 Warm up

→ Manuel p. 52

a. Manuel

b. Listen again. Tick the grid.
Écoute à nouveau. Remplis la grille.

Can ☺				
Can't ☹				

c. Manuel

d. Listen then tick the grid. Easy or difficult? Écoute puis remplis la grille. Indique si l'activité est difficile ou facile pour le personnage qui parle sur le CD, puis pour toi.

	CD		Me	
	Easy	**Difficult**	**Easy**	**Difficult**
Play football	✔			
Sing				
Play the piano				
Ride a horse				
Draw				
Play video games				

2 Get ready

→ Manuel p. 52

What can Michael do? Que sait faire Michael ?

☐ Ride a bike. ☐ Play the guitar. ☐ Play basketball. ☐ Cook. ☐ Do maths homework.

Note it!

→ Manuel p. 52

Complete the dialogue. En imitant le dialogue page 52, invente ton propre dialogue.

– Can you ....?

– Of course I can!

– Can you ....?

– ...., I .... It's ....

3 Listen then say what you understand

→ Manuel p. 53

a. Answer the questions. Réponds aux questions.

- Who can do maths? Michael
- Who can't do maths? ....
- Who can sing? ....
- Who can't play cricket? ....

b. Listen and correct. Écoute et corrige pour obtenir des phrases justes.

- Brian can do his maths homework.

....

- Maths is too easy for Brian.

....

- Michael can't help Brian. It's difficult.

....

c. Complete this sentence. Complète cette phrase.

- Michael, ... this American song?
- I can't play that guitar ....

d. What is Laura's reaction? Quelle est la réaction de Laura ?

☐ She is admiring. ☐ She is surprised. ☐ She is impatient.

e. What is Michael's problem? Quel est le problème de Michael ?

☐ He can't play the guitar.
☐ The guitar has got a problem.
☐ The guitar's new.

f. Tick the correct answer and complete. Coche la bonne réponse et complète.

Michael: ☐ can ☐ can't play basketball because ....

Michael: ☐ can ☐ can't play cricket but he ....

4 What about you?

→ Manuel p. 53

Write about what you can and can't do. Écris ce que tu sais et ne sais pas faire.

- I can .... well and ....

....

....

- But I can't ....

....

....

GRAMMAR : *can*, possibilité et impossiblité

REMEMBER AND THINK

A **Observe l'ordre des mots dans les phrases suivantes.**
Souligne le sujet en vert, l'auxiliaire en bleu, le verbe en rouge.

a. *He can play cricket.* **b.** *He can't play cricket.* **c.** *Can he play cricket?*

• La phrase **a.** est affirmative :

l'ordre des mots est .... + ... + ...

• La phrase **b.** est négative :

l'ordre des mots est .... + ... + ... + ...

• La phrase **c.** est interrogative :

l'ordre des mots est .... + ... + ...

• Dans ces trois phrases, l'auxiliaire .... est toujours présent.

Maintenant, observe ces trois phrases au présent simple et compare-les avec les phrases a., b. et c.

d. *They like Indian food.* **e.** *They don't like Indian food.* **f.** *Do they like Indian food?*

L'auxiliaire *do* est présent à la forme .... et à la forme ....

mais il est absent à la forme ....

B **Réfléchis au sens de *can* dans les phrases suivantes puis traduis-les en français.**

a. *Michael can play basketball.*

Dans cette phrase, *can* veut dire « c'est possible » parce que :

☐ Michael peut jouer. ☐ Michael sait jouer.

Traduction : Michael ....

b. *I can't play that guitar. It's broken.*

Dans cette phrase, *can't* veut dire « c'est impossible » parce que :

☐ je ne peux pas jouer. ☐ je ne sais pas jouer.

Traduction : Je ne.................... pas jouer de .... Elle est ....

c. *Brian can't do her maths homework. It's too difficult.*

Dans cette phrase, *can't* veut dire « c'est impossible » parce que :

☐ Brian ne peut pas faire. ☐ Brian ne sait pas faire.

Traduction : Brian ne .... pas faire son ....

Il est ....

NOW, PRACTISE WHAT YOU KNOW

1 Relis le dialogue du *Step* 1 p. 53 et dis si les phrases proposées sont justes (*True*) ou fausses (*False*). Coche la bonne colonne.

	True	False
a. Brian can't do his maths.		
b. Michael can't sing.		
c. Michael can play the guitar.		
d. Michael can't play cricket.		
e. Michael can learn to play cricket.		

2 Dis ce que tu sais faire ou ce que tu ne sais pas faire. Écris quatre phrases en utilisant les mots proposés : *play tennis / speak Arabic / do my English homework / ride a mountain bike / dance / play the guitar / take photographs / cook.*

play tennis → I can't play tennis.

a. ....

b. ....

c. ....

d. ....

Step 2 Can I come with you?

→ Manuel p. 54-55

1 Warm up

→ Manuel p. 54

a. b. et c. Manuel

d. What can you do at school? What can't you do at school? Tick the grid.
Qu'est-ce que tu peux faire à l'école ? Qu'est-ce que tu ne peux pas faire à l'école ? Coche la grille.

	I can...	I can't...
sleep in class		
phone home		
read a book		
eat cookies		

Now report. Maintenant fais un compte rendu.
Say: *I can't sleep in class, but I can sleep at home.*

2 Get ready

→ Manuel p. 54

Listen and tick. Écoute et coche.

Who can go to Stonehenge?

☐ Michael ☐ Mrs Carson ☐ Mr Carson ☐ The class ☐ Miss Merryn

Note it!

→ Manuel p. 54

Complete the dialogue. En imitant le dialogue page 54, invente ton propre dialogue.

– Can I ....?

– Of course ....!

– Can I ....?

– ...., you .... It's ....

3 Listen then say what you understand

→ Manuel p. 55

Tick the correct answer. Coche la bonne réponse.

• Michael's class can:	☐ go to a museum.	☐ go to London.	☐ go to Stonehenge.
• Michael:	☐ can go.	☐ can't go.	☐ can help.
• Mrs Carson:	☐ can watch Michael.	☐ can't help.	☐ can take photographs.
• Brian is:	☐ hungry.	☐ thirsty.	☐ cold.
• Brian's exploit:	☐ He can climb.	☐ He can cycle.	☐ He can ride.

4 What about you?

→ Manuel p. 55

Read this dialogue. Lis ce dialogue.

– Can I climb on that rock? – No, you can't. – Why? – Because it's dangerous.

Now speak with your neighbour. Maintenant parle avec ton voisin. Inspirez-vous du dialogue précédent pour imaginer la suite de ces phrases.

- *Can I have three hamburgers?*
- *Can I watch a horror film?*
- *Can I play on your computer?*
- *Can I go to the rock concert?*
- *Can I play a video game?*

You can use these words. Vous pouvez utiliser ces mots :

bad for you / too expensive / stupid / dinner time / broken

....

....

....

GRAMMAR : *can*, permission et interdiction

REMEMBER AND THINK

A **Compare les phrases a. et b. et réfléchis aux deux sens de *can*.**

a. *Can you play basketball, Michael? Of course I can.*

b. *Can I go to Stonehenge, Mom? Of course you can.*

Dans la phrase **a.**, *can* veut dire que Michael :

☐ sait jouer au basket. ☐ a la permission de jouer au basket.

Dans la phrase **b.**, *can* veut dire que Michael :

☐ a la possibilité d'aller à Stonehenge. ☐ a la permission d'aller à Stonehenge.

Donc, selon le sens de la phrase, *can* exprime la ....

ou la ....

B **Maintenant, compare les deux phrases suivantes et réfléchis aux deux sens de *can*.**

a. *Look, I can climb on the stones!*

b. *No, Brian, you can't climb on the stones!*

Dans la phrase **a.**, Brian dit qu'il :

☐ est capable de grimper sur les pierres.

☐ a la permission de grimper sur les pierres.

Dans la phrase **b.**, Mrs Merryn lui répond qu'il :

☐ n'est pas capable de grimper sur les pierres.

☐ n'a pas la permission de grimper sur les pierres.

Dans la phrase **a.**, *can* exprime l'idée de ....

Dans la phrase **b.**, *can* exprime l'idée d' ....

Si Brian disait : *I can't climb on the stones*, cela signifierait :

« Je ne suis pas .... de grimper sur les pierres. »

OU BIEN : « Je n'ai pas la .... de grimper sur les pierres. »

Attention : *can* peut exprimer deux idées différentes.
Je dois donc réfléchir à ce que la personne veut dire avant de choisir si *can* veut dire « j'ai la possibilité / je sais » ou « j'ai la permission ».

NOW, PRACTISE WHAT YOU KNOW

1 Observe les phrases suivantes et coche les cases des tableaux.

	***Can* =** **être capable.**	***Can* =** **demander ou avoir la permission.**
Can I go to the cinema, please?		
Of course you can.		
He can take photographs. It's his favourite hobby.		

	***Can't* =** **ne pas être capable.**	***Can't* =** **ne pas avoir la permission.**
I can't play this guitar. It's broken.		
I can't play the guitar. It's midnight.		
I can't climb on the tree. It's too dangerous.		

2 Regarde les dessins et complète avec *can* ou *can't*.

a. She .... ride her bike.

b. We .... take photographs.

c. He .... play basketball.

d. They .... climb on the stones.

e. He .... play the guitar.

Step 3 Anyone for cricket?

→ Manuel p. 56-57

1 à 6 **Manuel**

7 **True or false? Tick the grid.** Vrai ou faux ? Coche la bonne colonne.

	True	False
Laura can't play football.		
Cricket is very popular in France.		
Michael: I love basketball.		
The Forty-Niners is a fantastic baseball team.		
I play cricket. I've got green shoes.		
Six-two, seven-six, six-four. I'm a great football player!		
I play baseball with a bat.		
Arsenal is an American football team.		
Girls can play football.		
Laura can play baseball.		

Language Corner

→ Manuel p. 58-59

MISS MOUTH AND MR EAR

→ Manuel p. 58

1 **Écoute ces phrases et, à l'aide de flèches orientées vers le bas ↘ ou vers le haut ↗, montre si leur intonation est descendante ou montante.**

1. ....
2. ....
3. ....
4. ....
5. ....
6. ....

2 **Lis ces mots à haute voix et souligne la syllabe accentuée.**

homework photograph cricket believe uniform

eleven broken American delicious cheddar

I can do it!

→ Manuel p. 61-62

2

1 Je sais prononcer les sons /ɪ/, /aɪ/, /æ/ et /eɪ/. J'écris les mots suivants dans la colonne qui correspond à leur prononciation.

apple	bag	*cake*	can	cat	*China*
chips	cricket	day	fish	game	giant
hate	have	it	like	Miss	name
nine	pie	play	sing	thanks	why

/ɪ/	/aɪ/	/æ/	/eɪ/
chips	China	apple	cake
....	....	....	....
....	....	....	....
....	....	....	....
....	....	....	....
....	....	....	....

2 Je sais trouver la syllabe accentuée dans les mots que j'entends. Je la souligne.

English	suppose	favourite	cheddar	India	guitar	eleven
Chinese	American	photograph	difficult	ready	quarter	different

3 Je sais si l'intonation de ces phrases est montante ↗ ou descendante ↘.

a. Do you like cheddar? ....

b. Yes! ....

c. What's for lunch? ....

d. There's fish and chips. ....

e. Is there apple crumble for lunch? ....

4 Je sais parler de mes goûts.

• Je fais deux phrases pour dire ce que j'aime manger et boire.

a. ....

b. ....

• Je fais deux phrases pour dire ce que je n'aime pas manger.

c. ....

d. ....

• Je fais deux phrases pour parler des activités que j'aime pratiquer (sport, musique...).

e. ....

f. ....

5 Je sais retrouver les mots manquants de ce dialogue.

– Do you .... steak and kidney pie, Michael?

– No, I .... It's horrible.

– Have a .... It's delicious.

– OK but I .... hamburgers. In California, we have

.... hamburgers. Yum! I .... them!

6 Je comprends lorsque quelqu'un me donne l'heure. Je numérote les heures de 1 à 5 au fur et à mesure que je les entends.

16.00 = number ....

8.30 = number ....

11.45 = number ....

3.10 = number ....

2.15 = number ....

7 Je sais demander l'heure.

....

8 Je sais reconnaître les deux sens de *can / can't*. Pour chaque phrase, je coche la bonne colonne.

	Être capable / savoir	Ne pas être capable / ne pas savoir	Demander ou donner l'autorisation	Ne pas savoir ou ne pas donner l'autorisation
a. Can I climb on the tree?				
b. David can speak English.				
c. You can't talk at the cinema.				
d. I can't swim very well.				

I can do it!

9 Je comprends dans ce dialogue si les personnages savent ou ne savent pas faire quelque chose. J'écris *can* ou *can't* dans chaque case.

	Swim	Play the guitar	Do his homework	Speak Indian
Jennifer				
William				
Paul				
Gwyneth				

10 Je sais poser les questions suivantes.

a. Comment t'appelles-tu ? ....

b. Est-ce que tu sais nager ? ....

c. Quelle heure est-il ? ....

d. Est-ce que tu aimes le fromage ? ....

e. Où sont Laura et Michael ? ....

f. Pourquoi ne sais-tu pas faire ton devoir ? ....

11 Je sais employer l'expression juste dans chacune de ces situations.

a. Quand je veux dire que j'aime le fromage, je dis :

☐ I love cheese. ☐ I hate cheese. ☐ I prefer cheese.

b. Quand je veux dire que je n'aime pas le poisson, je dis :

☐ I hate fish. ☐ Yum! ☐ I like fish!

c. Quand je veux dire que j'aimerais bien du thé, je dis :

☐ I like tea. ☐ I'd like tea. ☐ I don't like tea.

d. Quand je veux dire que je sais jouer au tennis, je dis :

☐ I can't play tennis. ☐ I can play tennis. ☐ I can learn!

e. Quand je veux demander la permission de faire quelque chose, je dis :

☐ Can I eat lunch now? ☐ Can you help me? ☐ I can eat lunch now!

f. Quand je veux dire à quelqu'un que je peux l'aider à faire quelque chose, je dis :

☐ No, I can't. ☐ Yes, you can. ☐ Of course I can.

g. Quand je veux interdire à quelqu'un de grimper à un arbre, je dis:

☐ You can climb the tree. ☐ You can't climb the tree. ☐ I can't climb the tree.

STAGE 5

What a Party!

STARTERS

→ Manuel p. 63

1 Listen to the dialogue and tick the correct answer. Écoute le dialogue et coche la bonne réponse.

a. Can Sophie dance?

☐ Yes, she can. ☐ No, she can't.

b. Can Anna dance?

☐ Yes, she can. ☐ No, she can't.

c. Sue can't dance. Why?

☐ Because it's too dangerous.

☐ Because it's too difficult.

2 Listen to the dialogue and tick the correct answer. Écoute le dialogue et coche la bonne réponse.

a. What's Gail Baker's job?

☐ She's an artist. ☐ She's a nurse.

b. Is Paul Baker an artist?

☐ Yes, he is. ☐ No, he isn't.

c. Laura, do you like parties?

☐ I hate parties! ☐ I love parties!

Step 1 She sells teddy bears

→ Manuel p. 64-65

1 Warm up

→ Manuel p. 64

a. et b. Manuel

c. Listen again and match the sentences. Réécoute le dialogue et relie les phrases.

Ann •	• illustrates books.
Peter •	• sells teddy bears.
Jenny •	• teaches English.
Mr Wilson •	• helps patients.
Steven Spielberg •	• makes films.

d. Manuel

e. What do you do at the weekend? And your neighbour? Tick the grid.
Que fais-tu le week-end ? Et ton voisin ? Coche la grille.

Activity	You	Your neighbour
See my friends		
Run		
Do my homework		
Ride my bike		
Play video games		
Visit my grandparents		

2 Get ready

→ Manuel p. 64

Listen and guess. Where are they? Écoute et devine. Où sont-ils ?

☐ At a party. ☐ At school. ☐ In the bus.

Note it!

→ Manuel p. 64

Complete the dialogue. En imitant le dialogue page 64, invente ton propre dialogue.

– What do you do?

– I'm a .... What's your job?

– I'm a .... I ....

3 Listen then say what you understand

→ Manuel p. 65

a. Tick the correct answer. Coche la bonne réponse.

Gail Baker: ☐ hates parties. ☐ loves parties. ☐ doesn't like children.
Laura: ☐ can't go to the party. ☐ can go to the party. ☐ doesn't want to go to the party.

b. Fill in the card.
Remplis la carte.

INVITATION
Where: Kim Carson's house
Day: ....
Time: ....

c. The invitation is for...? L'invitation est pour... ?

Name	Job	Names of children

d. Complete the following sentences. Complète les phrases suivantes.

Laura .... parties, but she .... go. The ....

is an invitation for Gail and Paul Baker to a .... on ....

at .... p.m. Paul .... at home. He .... books.

Gail is a .... At the party, she's got a nice ....

Eric is a .... and Joanna is a ....

4 What about you?

→ Manuel p. 65

Joanna says: "It's great not to have children for a change!" Make sentences like Joanna. Joanna dit : « C'est super de ne pas avoir les enfants pour changer ! » Fais des phrases comme Joanna. Explique ce qu'il est bon de ne pas faire pour changer.

do my homework – eat school dinners – go to school...

It's great not to ....

It's great not to ....

It's great not to ....

GRAMMAR : le présent simple (2)

REMEMBER AND THINK

A Observe la forme du verbe dans les phrases suivantes.

– Indique à quelle personne est le verbe.
– Précise si la personne est au singulier ou au pluriel.

a. *I sell teddy bears.*
b. *He lives in San Francisco.*
c. *You work with computers.*
d. *They sell horses.*

a. 1re personne du singulier. **c.** ....

b. .... **d.** ....

À toutes les personnes, le verbe a la même terminaison sauf à la ....

du .... où on ajoute un .... au verbe.

B Observe les phrases suivantes et réfléchis sur le sens du présent simple.

a. *Laura loves parties.* **b.** *Joanna sells teddy bears.* **c.** *Paul illustrates books.*

Dans la phrase **a.**, on emploie le présent simple pour parler :

☐ des goûts de Laura. ☐ du métier de Laura.

Dans les phrases **b.** et **c.**, on emploie le présent simple pour parler du .... de Joanna et de Paul.

On emploie donc le présent simple pour :

☐ ce qui est toujours vrai et pas seulement au moment où l'on parle ;

☐ ce qui n'est vrai qu'au moment où l'on parle.

C Compare les deux manières de parler du métier de quelqu'un.

a. *Paul **illustrates** books.* = **c.** *He is an **illustrator**.*

b. *Joanna **sells** teddy bears.* = **d.** *She is a **shop assistant**.*

Je peux soit utiliser un .... comme dans **a.** et **b.** soit utiliser un .... comme dans **c.** et **d.**

Donc si je veux dire que mon père est réalisateur, je peux dire :

a. *My father* .... *films.* **b.** *My father is a* ....

NOW, PRACTISE WHAT YOU KNOW

1 Justifie la forme du verbe dans les phrases suivantes comme dans l'exemple.

*Mr Baker **illustrates** books.* = 3e personne du singulier, donc on ajoute un *s* à ***illustrate***.

a. My brother hate**s** school uniforms. = ...

....

b. Cowboy**s** lik**e** horses. = ...

....

c. My neighbour**s** com**e** from California. = ...

....

d. What do you do? I wor**k** in a school. = ...

....

2 Transforme les phrases suivantes comme dans l'exemple.

Joanna is a house seller. → *She sells houses.*

a. John is a bus driver. → John ....

b. Mrs Sullivan is a history teacher. → Mrs Sullivan ....

c. Michael is a tennis player. → Michael ....

d. My neighbour is a singer at the Opera. → My neighbour ....

Step 2 How much is a pony?

→ Manuel p. 66-67

1 Warm up

→ Manuel p. 66

Voir Manuel

2 Get ready

→ Manuel p. 66

Listen and guess. Écoute et devine.

This conversation is about: ☐ food. ☐ clothes. ☐ money.

Note it!

→ Manuel p. 66

Complete the dialogue. En imitant le dialogue page 66, invente ton propre dialogue.

– What does ....?

– ....'s .... Are there

....?

– ...., there ....!

3 Listen then say what you understand

→ Manuel p. 67

a. Tick the correct answer. Coche la bonne réponse.

- Mrs Carson is: ☐ a biologist. ☐ an archaeologist. ☐ an architect.
- Mr Carson is: ☐ a horse seller. ☐ a cowboy. ☐ a computer expert.

Picture 1

- Who is an archaeologist?
  ☐ Mr Carson. ☐ Mrs Baker. ☐ Mrs Carson.
- An archaeologist knows a lot about:
  ☐ old bones. ☐ old cowboys. ☐ old horses.
- Who says, "I'd like to be an archaeologist"?
  ☐ Anita. ☐ Brian. ☐ Laura.

Picture 2

- Michael has got some cowboys in his family. They live in:
  ☐ Montana. ☐ California. ☐ Arizona.
- Mr Carson lives in:
  ☐ Montana. ☐ California. ☐ Dakota.
- He works with:
  ☐ computers. ☐ cowboys. ☐ teddy bears.

Picture 3

- Mr Carson sells:
  ☐ old stones. ☐ computers on-line. ☐ horses on-line.
- How much is a small pony?
  ☐ $70,000. ☐ $1,200. ☐ $500.

Picture 4

- Brian thinks ponies are expensive. £700 is his pocket money for:
  ☐ years and years. ☐ weeks and weeks. ☐ months and months.

b. Complete these sentences. Complète ces phrases.

- Kim Carson is an ....
- Mr Carson lives ....
- Mr Carson sells ....
- Brian asks: "How much ...."
- Michael answers: "You can have one for $ ...."
- There are about £ .... in $ ....

4 What about you?

→ Manuel p. 67

Describe the job of a person you know. Décris le métier d'une personne de ta connaissance.

- What does he / she do? ....

....

- Where does he / she work? ....

....

- It is: ☐ exciting. ☐ interesting. ☐ dangerous. ☐ easy.

GRAMMAR : *some / any*

REMEMBER AND THINK

A **Observe les deux phrases suivantes.**

a. *He's got* ***some*** *cowboys in his family.*

b. *He's got* ***some*** *pocket money.*

- Dans la phrase **a.**, on emploie *some* pour indiquer :

☐ un certain nombre. ☐ une certaine quantité.

- Dans la phrase **b.**, on emploie *some* pour indiquer :

☐ un certain nombre. ☐ une certaine quantité.

- Quand *some* indique un certain nombre :

il est suivi d'un nom au .... (exemple : ....).

- Quand *some* indique une certaine quantité :

il est suivi d'un nom au .... (exemple : ....).

B **Compare les deux phrases suivantes.**

a. *Has Brian got any pocket money?*

b. *Yes, he's got some.*

Pour exprimer la même idée, on emploie .... dans la question

et .... dans la réponse affirmative.

C **Au *Stage* 3, tu as appris que l'on emploie *some* devant un nom indénombrable au singulier.**

*I'd like **some** cheddar.*

Maintenant, tu peux compléter ce que tu as appris en trouvant des exemples dans le *Stage* 5.

On emploie *some* :

• devant un nom indénombrable au singulier comme ....

• devant un nom dénombrable au pluriel comme ....

NOW, PRACTISE WHAT YOU KNOW

1 **Relie les deux colonnes pour que les phrases aient un sens.**

1. Has Laura got any cats? •	• **a.** He's got some old bones in his bag.
2. I love fruit. •	• **b.** Yes, there are some.
3. Are there any ponies on your farm? •	• **c.** Of course I have.
4. He's an archaeologist. •	• **d.** Yes, she's got two.
5. Have you got any friends at school? •	• **e.** Have some apples then.

2 **Justifie l'emploi de *some* et *any* comme dans l'exemple.**

Exemple : *He's got **some pocket money**.* J'emploie *some* parce que la phrase est affirmative et que *pocket money* est un nom singulier indénombrable.

a. I'd like **some apple crumble**.

....

....

b. Have you got **any animals** at home?

....

....

c. There are **some old stones** in her bag.

....

....

d. Is there **any mayonnaise** in your sandwich?

....

....

Step 3 Discover the USA and the UK

→ Manuel p. 68-69

Do you know the United States of America? Connais-tu les États-Unis d'Amérique ?
Place dans les cases les noms proposés.

Detroit
Houston
Los Angeles
Miami
New Orleans
New York
San Francisco
Seattle

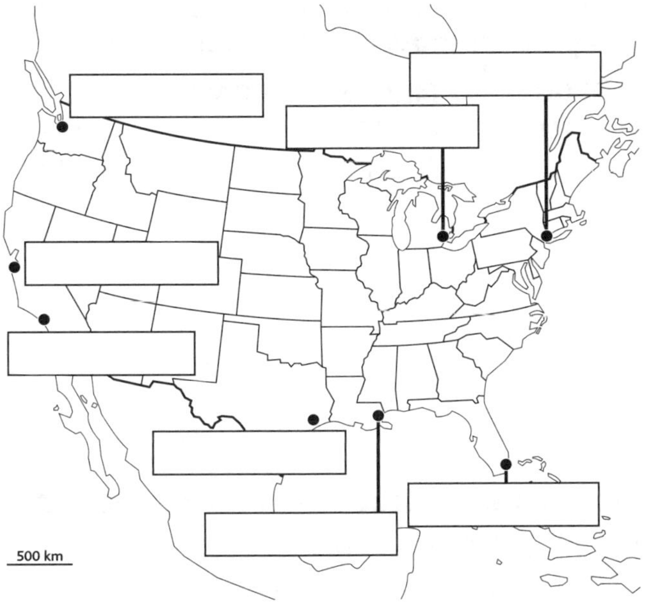

Do you know the United Kingdom? Connais-tu le Royaume Uni ?
Place dans les cases les noms proposés.

Bath
Belfast
Birmingham
Edinburgh
Glasgow
London
Manchester

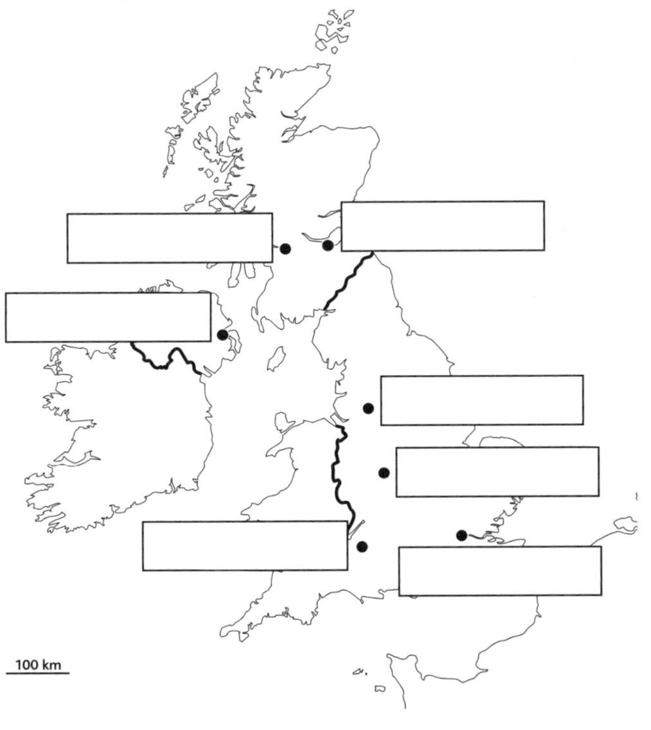

Language Corner

→ Manuel p. 70-71

MISS MOUTH AND MR EAR

→ Manuel p. 70

1 **Prononce ces mots et écris-les à la suite du mot modèle qui te semble convenir. Le premier mot est donné en exemple. La syllabe concernée est en gras pour les mots de plus d'une syllabe.**

BONE	AB**OUT**	**BRO**KEN	COACH	COW	DOWN
GO	HE**LLO**	HOUSE	KNOW	NO	**O**K
WOW	**PO**LO	POUND	STONE	**TROU**SERS	**PHO**TOGRAPH

OH *bone* ....

....

HOW ....

....

2 **Écoute ces mots et souligne le son inaccentué. Attention ! Il peut y en avoir plusieurs dans certains mots.**

Laura	about	blazer	cheddar	brother
hamburger	Carson	Baker	quarter	Montana

3 **Lis ces phrases à haute voix puis, à l'aide d'une flèche, montre si l'intonation de ces phrases est montante ou descendante.**

a. I love parties!

b. Isn't he here?

c. He lives in San Francisco.

d. How much is a small pony?

e. Don't you remember?

STAGE 6

Time is Money!

STARTERS

→ Manuel p. 73

1 Listen to the dialogue and tick the correct answer. Écoute le dialogue et coche la bonne réponse.

a. Where are the two ladies?

☐ In London. ☐ In Bath.

b. What is Eileen's job?

☐ She's a tennis player. ☐ She's a bus driver.

c. Where does she work?

☐ In Manchester. ☐ In London.

2 Listen to the dialogue and tick the correct answer. Écoute le dialogue et coche la bonne réponse.

a. Are Michael and Brian in Bath?

☐ Yes, they are. ☐ No, they aren't.

b. What is Brian's hobby?

☐ Photography. ☐ Music.

c. Does Michael play the guitar?

☐ Yes, he does. ☐ No, he doesn't.

Step 1 Michael's always late!

→ Manuel p. 74-75

1 Warm up

→ Manuel p. 74

a. Manuel

b. Listen and tick. **Écoute ces six phrases et coche les cases correspondant aux adverbes de fréquence que tu entends.**

	always	usually	often	sometimes	never
Boy 1					
Boy 2					

2 Get ready

→ Manuel p. 74

What can you say about Michael? Que peux-tu dire de Michael ? Coche la bonne réponse.

a. He ☐ always ☐ never gets up at 7:30.
b. He ☐ often ☐ never watches TV.
c. He's ☐ always ☐ never late.

Note it!

→ Manuel p. 74

Complete the dialogue. En imitant le dialogue page 74, invente ton propre dialogue.

– What do you do on ....?

– I ....

– When do you ....?

– I ....

3 Listen then say what you understand

→ Manuel p. 75

a. True or false? Vrai ou faux ? Écoute le dialogue et coche la bonne réponse.

	True	False
Michael is always late.		
He usually gets up at half past four.		
His mother is surprised.		
Laura is at home.		
There is no school because today is Saturday.		
Anita has a pony lesson at 11 on Saturday.		
Laura, Brian and Anita like shopping.		
Michael does not like shopping.		
Michael is late at the bus stop.		
Anita is furious because Michael is early.		

b. Listen to Michael and write. Écoute Michael puis rapporte ce qu'il dit.

I'm late again. → *He's late again.*

- I get up at 7:30.

....

• I have a wash and get dressed.

....

• I never watch TV or read a magazine.

....

c. Read and write. **Lis le dialogue page 75 et écris l'emploi du temps de Laura le samedi.**

Laura .... late, ... her homework. Then she .... 11 o'clock. She sometimes .... with Brian and Anita.

d. Who is it? Qui est-ce ? Relis le dialogue page 75 et devine qui parle.

• But Michael! Come back! Today is Saturday! ....

• Oh, no! I'm late again! ....

• I have a pony lesson every Saturday at 11. ....

• Look! Michael is early! ....

• Our bus usually goes at 2:30. ....

4 What about you?

→ Manuel p. 75

What do you do on Saturday mornings? Que fais-tu le samedi matin ?

....

....

....

GRAMMAR : le présent simple (3)

REMEMBER AND THINK

A **Observe les phrases suivantes et réfléchis sur l'emploi du présent simple.**

a. *I love apple crumble but I don't like cheddar.* (Stage 3)
b. *I live in San Francisco. I sell horses.* (Stage 5)
c. *I never watch TV and I'm always late.* (Stage 6)

Tu connais maintenant trois types de situations où l'on emploie le présent simple :

• dans la phrase **a.**, Michael dit ce qu'il .... et .... pas.

Il emploie le présent pour parler :

☐ de ses goûts. ☐ de ses habitudes. ☐ de son activité.

• dans la phrase **b.**, Mr Carson dit où il .... Il dit aussi

ce qu'il .... dans la vie. Il emploie le présent pour parler de

l'.................................... où il .... et pour parler :

☐ de ses goûts. ☐ de ses habitudes. ☐ de son activité.

• dans la phrase **c.**, Michael dit qu'il ne regarde .... la télévision

et qu'il est .... en retard. Il emploie le présent pour parler :

☐ de ses goûts. ☐ de ses habitudes. ☐ de son activité.

On emploie donc le présent simple pour parler de choses qui sont :

☐ toujours vraies et pas seulement au moment où l'on parle.

☐ vraies seulement au moment où l'on parle.

B Compare les phrases suivantes.

a. *I* ***never*** *watch TV.*

b. *I* ***always*** *do my homework after dinner.*

c. *The bus* ***usually*** *goes at 2.30.*

d. *I* ***often*** *get pocket money.*

e. Je ne regarde **jamais** la télévision.

f. Je fais **toujours** mes devoirs après dîner.

g. Le bus passe **d'habitude** à 2 h 30.

h. J'ai **souvent** de l'argent de poche.

En anglais, les adverbes de fréquence se placent .... le verbe alors

qu'en français, ils se placent ....

C Attention ! Que remarques-tu dans ces phrases ?

I'm always late.

Brian and Anita are usually at home on Saturday mornings.

Les adverbes .... et .... sont placés

.... le verbe ....

NOW, PRACTISE WHAT YOU KNOW

1 Si tu traduisais les phrases suivantes en anglais, emploierais-tu le présent simple ? Si oui, justifie ton choix en écrivant s'il s'agit d'un goût, d'une activité ou d'une habitude.

Je me lève tous les matins à 7 h. ☒ habitude

a. Regarde ! Brian joue au cricket avec Michael. ☐ ....

b. Mon père conduit des bus. ☐ ....

c. Je déteste le ketchup. ☐ ....

d. J'aime grimper aux arbres. ☐ ....

e. Brian est en train de grimper sur l'arbre. ☐ ....

f. Que fais-tu le dimanche ? Je vais à la piscine. ☐ ....

2 Traduis les phrases suivantes en faisant attention à la place de l'adverbe.

a. Je ne mange **jamais** de poisson.

....

b. Brian est **toujours** en retard.

....

c. *My sister* ***often*** *plays with her teddy bear.*

....

d. – *What do you* ***usually*** *do on Saturdays?*
– *I wake up late and go shopping with my mother.*

....

....

Step 2 What do you do out of school?

→ Manuel p. 76-77

1 Warm up

→ Manuel p. 76

a. b. et c. Manuel

d. What do you do out of school? Que fais-tu en dehors de l'école ? Tu peux t'aider des expressions suivantes :

meet friends *practise a sport* *play an instrument* *collect posters*
go to the cinema *help my parents*

....

....

....

....

2 Get ready

→ Manuel p. 76

a. What sort of text is it? De quelle sorte de texte s'agit-il ?

☐ A dialogue. ☐ A questionnaire. ☐ A geography homework.

b. What is it about? Quel en est le sujet ?

☐ School. ☐ Sports. ☐ Out of school activities.

Note it!

→ Manuel p. 76

Complete the dialogue. En imitant le dialogue page 76, invente ton propre dialogue.

– How much pocket money .... your brother ....?

– He usually ....

– What does he do with his money?

– He ....

3 Read then say what you understand

→ Manuel p. 77

a. Write your own answers. Choisis quatre des questions du questionnaire qui te correspondent le mieux. Écris tes propres réponses.

Do you get any pocket money? *Yes, every week I get four euros.*

- ....
....
- ....
....
- ....
....
- ....
....

b. Ask three questions. Pose trois questions qui pourraient s'ajouter au questionnaire de la page 77.

- ....
- ....
- ....

c. Find the words. Trouve les mots d'après le contexte. Tous ces mots sont utilisés page 77 du manuel.

- My brother has got a strange ....! He collects dictionaries.
- I'd like to .... red trainers but I haven't got any money.
- The month of May is .... April and June.
- When my grandparents give me .... I save it up to buy a mountain bike.
- A .... is a place with schoolboys, schoolgirls and teachers.

4 What about you?

→ Manuel p. 77

What do you do with your pocket money? Que fais-tu de ton argent de poche ? Tu peux t'aider des expressions suivantes :

buy books, CDs, DVDs, videogames, clothes, magazines, sweets... / go to the cinema / save it up

....

....

....

Language Corner

→ Manuel p. 80-81

MISS MOUTH AND MR EAR

→ Manuel p. 80

1 Classe ces verbes à la 3e personne du singulier dans la colonne qui correspond à leur prononciation.

she writes *he saves* *she washes* *it depends* *he practises* *she watches*
he makes *she knows* *he sells* *he changes* *he meets* *she helps*

plays /z/	works /s/	teaches /ɪz/

2 Lis ces mots à haute voix et souligne la syllabe accentuée comme dans l'exemple.

again *Saturday* *usually* *favourite* *Montana*
depends *breakfast* *brother* *computer* *neighbour*

I can do it!

→ Manuel p. 83-84

3

1 Je sais distinguer les sons /aʊ/ et /əʊ/ dans les mots suivants. J'écris les mots dans la colonne qui correspond à leur prononciation.

house *so* cowboy trousers coat know about pony pound No

/aʊ/	/əʊ/
so	*house* ....
....	....
....	....
....	....
....	....

2 Je sais prononcer la finale en -*s* de ces verbes à la 3e personne du singulier du présent simple. Je coche la case qui correspond à leur prononciation.

	/s/	/z/	/ɪz/
a. She helps me after school.			
b. Dad lives in California.			
c. Laura dances every Saturday.			
d. He illustrates books.			

3 J'écoute la même phrase prononcée de quatre manières différentes. Je comprends le sens de chacune de ces phrases en fonction des mots accentués. J'indique le numéro d'écoute.

a. C'est moi qui prends une leçon de poney et pas mon frère. Numéro .....

b. C'est une leçon de poney que je prends et pas une leçon de tennis. Numéro .....

c. C'est à 11 h que je prends une leçon de poney et pas à 8 h. Numéro .....

d. C'est chaque samedi que je prends une leçon de poney et pas le dimanche. Numéro .....

4 Je sais faire une phrase pour interroger quelqu'un sur son métier.

....

5 Je sais remettre ces adverbes de fréquence dans l'ordre pour aller du plus fréquent au moins fréquent : *sometimes / never / often / always / usually.*

....

6 **Je sais parler de mes habitudes quotidiennes en utilisant des adverbes de fréquence. Je fais une phrase avec *always*, une avec *often*, une avec *sometimes*, une avec *never* et une avec *usually* pour dire ce que je fais ou ne fais pas le soir en rentrant de l'école.**

- always: ....
- often: ....
- sometimes: ....
- never: ....
- usually: ....

7 **Manuel**

8 **Je sais expliquer pourquoi on utilise *any* dans la phrase a. et *some* dans la phrase b.**

a. Are there any cowboys in your family?

....

b. Yes, there are some.

....

9 **Je sais poser une question et y répondre en utilisant *some* et *any*.**

....

....

10 **Je sais trouver le mot interrogatif qui manque dans chacune de ces phrases.**

a. – .... pocket money do you get? – £10 every week.

b. – .... do you have lunch? – At one o'clock.

c. – .... does Mr Carson live? – In California.

d. – .... brothers have you got? – Two.

e. – .... can't you do your English homework? – Because it's too difficult.

I can do it!

11 **J'entends quatre questions. Pour chacune d'entre elles, je sais choisir la réponse qui correspond parmi celles-ci : 42 £120 28 £1,200**

a. À la question numéro 1 correspond la réponse ....

b. À la question numéro 2 correspond la réponse ....

c. À la question numéro 3 correspond la réponse ....

d. À la question numéro 4 correspond la réponse ....

12 **Je sais trouver les éléments importants dans ce texte.**

Mr Cook has a double life. From 9 o'clock to 6 o'clock, he works in an office. He often talks on the phone and sometimes writes letters. Every Thursday, he becomes a different man. He leaves his house, gets into his car and drives to an old house. He talks a lot, he wears a black coat and he... kills another man with a big knife. Then, at midnight, he goes back home. Do you know his job? Well, of course Mr Cook is an actor!

- **Je sais trouver le nombre et le nom des personnages.**

....

- **Je sais trouver les adverbes de fréquence.**

....

- **Je sais trouver les verbes indiquant ce que fait le personnage lorsqu'il est au bureau.**

....

- **Je sais trouver les verbes indiquant ce qu'il fait tous les jeudis.**

....

....

- **Je sais dire quel est son métier le jeudi soir.**

....

- **Je sais maintenant expliquer le sens de la première phrase.**

....

Upstairs and Downstairs

STAGE 7

STARTERS

→ Manuel p. 85

1 Listen to the dialogue and tick the correct answer. Écoute le dialogue et coche la bonne réponse.

a. Where is Donald?

☐ In the kitchen. ☐ In his room. ☐ At school.

b. What does Donald buy with his pocket money?

☐ Books. ☐ Clothes. ☐ Video games.

c. What does Donald think of the questionnaire?

☐ He thinks it's stupid.
☐ He thinks it's interesting.
☐ He thinks it's funny.

2 Listen to the dialogue and tick the correct answer. Écoute le dialogue et coche la bonne réponse.

a. Is Donald Brian's brother?

☐ Yes, he is. ☐ No, he's Brian's cousin.

b. Where are Brian and Michael?

☐ In Brian's room. ☐ In Michael's room. ☐ In Donald's room.

c. Donald has got a CD. But is it his CD?

☐ Yes, it is. ☐ No, it isn't. ☐ I don't know.

Step 1 Whose motorbike is that?

→ Manuel p. 86-87

1 Warm up

→ Manuel p. 86

a. et b. Manuel

c. Look and write. Regarde et dis à qui appartient chaque objet.

• Whose clock is it?

....

• Whose teddy bear is it?

....

• Whose carrot is it?

....

• Whose dinosaur is it?

....

2 Get ready

→ Manuel p. 86

a. What is there in the garden? Qu'il y a-t-il dans le jardin ?

☐ A dinosaur. ☐ A motorbike. ☐ A pony.

b. Who has got a motorbike? Qui a une moto ?

☐ Laura has. ☐ Chris has. ☐ Alan has.

Note it!

→ Manuel p. 86

Complete the dialogue. En imitant le dialogue page 86, invente ton propre dialogue.

– Is that your ....'s ....?

– No, it isn't. That's my ....'s ....

– Whose ....? Is it ....'s?

– No, it isn't. It's my ....'s.

3 Listen then say what you understand

→ Manuel p. 87

a. True or False? Listen and tick. Vrai ou faux ? Écoute et coche la bonne case.

	True	False
• Mr Baker has got a new motorbike.	☐	☐
• Alan is Chris's friend.	☐	☐
• Chris is downstairs.	☐	☐
• Jessica has got a motorbike.	☐	☐
• Her motorbike is small and pink.	☐	☐
• Laura thinks black motorbikes aren't for girls.	☐	☐
• Gail Baker's got a big car.	☐	☐
• Men's cars are always big.	☐	☐

b. Family and friends. La famille et les amis : trouve quels liens unissent ces personnages.

- Paul Baker is ....'s father.
- Alan is ....'s friend.
- Jessica is Chris' ....
- Laura is ....'s sister.
- Gail Baker is .... and ....'s mother.

c. What do they think? Complete these sentences. Que pensent-elles ? Complète ces phrases.

- Laura thinks girls' motorbikes ....
- Jessica thinks ....

4 What about you?

→ Manuel p. 87

There is a new car in the street. You and your friend want to know whose car it is. Il y a une voiture neuve dans la rue. Ton camarade et toi voulez savoir à qui elle appartient. Vous pouvez utiliser les expressions suivantes.

Italian / American / French / Japanese... car *red / green... car* *Whose...?*

Mr X's? / Miss Y's? / Our French teacher's?

....

....

....

....

GRAMMAR : le génitif et les adjectifs possessifs

REMEMBER AND THINK

A **Tu connais maintenant deux façons différentes d'exprimer la possession. Observe les deux phrases suivantes.**

a. *Brian has got a new bike.* **b.** *It's Brian's new bike.*

- Dans la phrase **a.**, on emploie le verbe .... que tu as appris au *Stage* 2.
- Dans la phrase **b.**, on emploie le .... que tu viens d'apprendre.

B **Tu viens d'apprendre que *'s* est la marque de la possession. Souviens-toi que *'s* peut aussi être la forme contractée de *is* (*Stage* 1) et la forme contractée de *has* (*Stage* 2). Maintenant, observe les phrases suivantes et coche la bonne réponse.**

a. *Brian's got a new motorbike.* **'s** est :
☐ la forme contractée de *is*. ☐ la forme contractée de *has*. ☐ la marque de la possession.

b. *Brian's my friend.* **'s** est :
☐ la forme contractée de *is*. ☐ la forme contractée de *has*. ☐ la marque de la possession.

c. *Brian's motorbike is new.* **'s** est :
☐ la forme contractée de *is*. ☐ la forme contractée de *has*. ☐ la marque de la possession.

Maintenant, justifie ton choix.

Dans la phrase **a.**, il y a .... qui montre que c'est le verbe ....

Dans la phrase **b.**, *'s* est le ....

Dans la phrase **c.**, *'s* montre que la moto .... à Brian.

C **Observe les phrases suivantes.**

a. *This is Brian's CD. = This is **his** CD.* **b.** *This is Laura's CD. =This is **her** CD.*

Dans la phrase **a.**, l'adjectif possessif est *his* parce que le possesseur est une personne de genre ....

Dans la phrase **b.**, l'adjectif possessif est *her* parce que le possesseur est une personne de genre ....

En anglais, je choisis donc l'adjectif possessif en fonction du ....

D **Maintenant, compare avec le français.**

a. C'est le CD de Brian. = C'est **son** CD. **b.** C'est la veste de Brian. = C'est **sa** veste.

En français, je choisis l'adjectif possessif en fonction de ....

NOW, PRACTISE WHAT YOU KNOW

1 **Transforme les phrases comme dans l'exemple.**

*Laura has got a new CD. → It's **Laura's** new CD. It's **her** new CD.*

a. Michael has got a motorbike. ....

....

b. My neighbours have got a big house. ....

....

c. His sister has got brown teddy bears. ....

....

d. The schoolchildren have got an American teacher. ....

....

2 **Observe les phrases suivantes et dis si *'s* est la marque de la possession, la forme contractée de *is* ou la forme contractée de *has*.**

a. He's got a new cricket bat. ....

b. Where's your new bike? ....

c. My sister's CD is on the bed. ....

3 **Réécris le texte suivant en remplaçant *'s* par une forme pleine quand c'est possible.**

What's Joanna's job? She's a teddy bear seller. She's got a lot of teddy bears. What's her favourite sport? It's basketball. She's a champion, she's got lots of medals. Is this medal Joanna's? No, it's Brian's medal.

....

....

....

Step 2 Where is Laura's CD?

→ Manuel p. 88-89

1 Warm up

→ Manuel p. 88

Voir Manuel

2 Get ready

→ Manuel p. 88

a. Where is Laura? Où se trouve Laura ?

☐ She's at school. ☐ She's in her house. ☐ She's at Michael's house.

b. What does she want? Que veut-elle ?

☐ She wants her teddy bear. ☐ She wants her CD. ☐ She wants her cricket bat.

Note it!

→ Manuel p. 88

Complete the dialogue. En imitant le dialogue page 88, invente ton propre dialogue.

– Where's ....?

– ....'s .... in ....

– Is this ....'s ....?

– No, it isn't. ....'s ....

3 Listen then say what you understand

→ Manuel p. 89

a. Where are they? Complete these sentences. Où sont-ils ? Complète ces phrases avec les mots suivants :

upstairs downstairs in the garden on Michael's bed behind the sofa.

- Jessica ....
- Kim ....
- Michael's T-shirt ....
- Brian's cricket bat ....
- Michael's room ....

b. Where is Laura? Situe les différents endroits où se trouve Laura.

- In the first picture, she is ....
- In the second picture, she is ....
- In the third picture, she is ....
- In the fourth picture, she is ....

c. Complete these sentences. Complète ces phrases avec *'s*, l'adjectif possessif qui convient ou le mot interrogatif exprimant la possession.

- Brian .... cricket bat is in Michael .... room.
- Give me .... CD, please!
- This is Michael's teddy bear. .... name is Maxwell.
- Michael's got a sister. .... name's Jessica.
- .... CD is that? It's Laura's.

d. What is it? Trouve le mot d'après sa définition. Ces mots se trouvent tous page 89.

- A place in your house where you often spend eight hours every day. ....
- Small children love them. Maybe you've got one in your room. ....
- A word you say, if you're polite, when somebody gives you something. ....
- A word you say, if you're polite, when you ask somebody to give you something. ....

4 What about you?

→ Manuel p. 89

You can't find your phone. **Tu n'arrives pas à trouver ton téléphone.**
Tu peux utiliser le vocabulaire suivant pour écrire ton texte.

Where is it? *Where can it be?* *upstairs* *downstairs* *in my room* *in my pocket*

....

....

....

....

GRAMMAR : *this (these) / that (those)*

REMEMBER AND THINK

Observe les phrases suivantes et justifie l'emploi de *this* et de *that*.

a. *Take this book in front of you.*
b. *Can you see that car in the distance?*
c. *I hate that food. It's horrible!*

Dans la phrase **a.**, on emploie *this* parce que le livre est .... de la personne qui parle. Il fait partie de son ....

Dans la phrase **b.**, on emploie *that* parce la voiture est .... de la personne qui parle. *That* indique un .... géographique.

Dans la phrase **c.**, on emploie *that* parce que la personne qui parle .... la nourriture qu'on lui sert.

NOW, PRACTISE WHAT YOU KNOW

1 Relie les deux colonnes. Analyse bien l'emploi de *this* et de *that* pour que les phrases aient un sens.

Look at that horrible animal! •	• I don't like that music!
This is Brian's favourite cat. •	• Yum! It's delicious!
Whose CD is that? •	• Yuk! I hate rats!
Have some of this cake! •	• He's near him on the bed.

2 Observe les phrases suivantes et justifie l'emploi de *this* et de *that*.

a. *This is my teddy bear.* La personne qui parle emploie *this* pour indiquer que son ours est .... d'elle.

b. *Look at that scorpion! It's horrible.* La personne qui parle emploie *that* pour indiquer qu'elle .... de ce scorpion.

c. *This is my favourite CD. I love it.* La personne qui parle emploie *this* pour indiquer qu'elle .... ce CD.

Language Corner

→ Manuel p. 92-93

MISS MOUTH AND MR EAR

→ Manuel p. 92

1 Prononce ces mots à haute voix et écris-les à la suite du mot modèle. Attention ! Deux intrus se sont glissés dans la liste. Trouve-les et écris-les.

bear bread toy Claire dear great hair hear stairs toilet where year joy

HERE ....

THERE ....

BOY ....

Odd ones out. ....

2 Prononce ces mots à haute voix et écris-les à la suite du mot modèle.

brother maths thanks Thursday teeth there thirteen those three weather

THIS ....

THING ....

My Friend Skippy

STAGE 8

STARTERS

→ Manuel p. 95

1 Listen to the dialogue and tick the correct answer. Écoute le dialogue et coche la bonne réponse.

a. What is this animal?
☐ A lion. ☐ A dinosaur. ☐ A crocodile.

b. Can Ben read?
☐ Yes, he can. ☐ No, he can't.

c. Where is this animal?
☐ In a science museum. ☐ In a park.
☐ In a zoo.

2 Listen to the dialogue and tick the correct answer. Écoute le dialogue et coche la bonne réponse.

a. Can Brian take photos here?
☐ Yes, he can. ☐ No, he can't.

b. Why does Brian want to take a photo?
☐ Because he likes dinosaurs.
☐ Because he wants a photo for his biology lesson.

c. How many pictures can you have for £1?
☐ Five. ☐ Fifteen. ☐ Fifty.

Step 1 You must eat vegetables!

→ Manuel p. 96-97

1 Warm up

→ Manuel p. 96

Voir Manuel

2 Get ready

→ Manuel p. 96

Where's Mrs Carson? Où se trouve Mrs Carson ?

☐ She's at Buckingham Palace. ☐ She's at home. ☐ She's at work.

Note it!

→ Manuel p. 96

Complete the dialogue. En imitant le dialogue page 96, invente ton propre dialogue.

– You mustn't ....!

– But I must ....!

– Mustn't you ....?

– Yes, I must ....!

3 Listen then say what you understand

→ Manuel p. 97

a. Write these sentences. Reconstitue ces phrases que tu as entendues.

- Kim / museum / in / a / works /. ....
- how / teeth / got / has / tyrannosaurus / many / this / ?

  ....
- You / you / touch / know / mustn't / anything / !

  ....
- Brian / 's / 's / very / hard / head / ! ....

b. Who is it? Qui est-ce ? Trouve qui se décrit dans ces cinq phrases.

- I'm very, very old and I've got a very long name but you can call me ....
- I think vegetables are very good for you. My name is: ....
- I don't like vegetables. I prefer meat and I love hamburgers. My name is: ....
- My hobby is photography. My name is: ....
- I love old stones and old bones. My name is: ....

c. Make sentences. Fais des phrases en reliant les deux parties de façon logique.

I want to take a photo •	• climb on the ladder.
You mustn't •	• brush your teeth every morning and evening.
Meet •	• because it can be dangerous.
Don't touch the lions •	• of this dinosaur.
You must •	• my friend Lewis.

d. Write it in French. Écris-le en français.

- You mustn't swim here. It's dangerous.

....

- Why mustn't I take photos?

....

- Don't watch television every day!

....

- Sorry, kids! I must go out. Don't touch anything!

....

4 What about you?

→ Manuel p. 97

Write four sentences about a dinosaur. Écris quatre phrases sur un dinosaure.

- *It is... million years old.* • *arms, legs, teeth* • *eat, meat, carnivorous*

....

....

....

....

GRAMMAR: *must / mustn't*

REMEMBER AND THINK

A Observe les phrases suivantes.

a. *I must wear my uniform today.*
b. *You must be quiet.*
c. *I mustn't be aggressive.*
d. *You mustn't touch anything.*

Dans les phrases **a.** et **b.**, *must* exprime : ☐ une obligation. ☐ une interdiction.

Dans les phrases **c.** et **d.**, *mustn't* exprime : ☐ une obligation. ☐ une interdiction.

B Dans le *Stage* 4, tu as étudié les différents sens de *can't*. Compare les phrases suivantes.

a. *You mustn't climb on that ladder. It's forbidden* (interdit).

b. *You can't climb on that ladder. It's forbidden.*

Dans les phrases **a.** et **b.**, *mustn't* et *can't* ont : ☐ le même sens. ☐ un sens différent.

Ils expriment tous les deux : ☐ une obligation. ☐ une interdiction. ☐ une impossibilité.

NOW, PRACTISE WHAT YOU KNOW

1 **Complète ces phrases en utilisant *must* ou *mustn't* selon le sens. Utilise le vocabulaire suivant pour compléter ces phrases : *wear a uniform / go to the supermarket / watch TV / hurry up / touch the dinosaur / be quiet.***

You're in an English school: You must wear a uniform.

a. I haven't got anything for dinner: ....

b. There's a terrific film about dinosaurs tonight: ....

c. I'm late: ....

d. You're in a science museum: ....

e. You're in a hospital: ....

2 **Observe *must / mustn't* et *can / can't* dans ces phrases. Coche la bonne case selon le sens exprimé.**

	Obligation	Interdiction	Permission	Impossibilité
You **must** write to your grandmother.				
I **can't** help you.				
I **mustn't** play the guitar at night.				
Can I go out with my friends?				
I **can't** climb on the stones.				

Step 2 I mustn't be late!

→ Manuel p. 98-99

1 Warm up

→ Manuel p. 98

Voir Manuel

2 Get ready

→ Manuel p. 98

What sort of document is the text page 99? Quelle sorte de document est le texte page 99 ?

☐ An e-mail. ☐ A letter. ☐ A magazine article.

Note it!

→ Manuel p. 98

Complete the dialogue. En imitant le dialogue page 98, invente ton propre dialogue.

– What must you ....?

– I must ....

– What mustn't you ....?

– I mustn't ....

3 Read then say what you understand

→ Manuel p. 99

a. Find four imperatives. Trouve quatre phrases à l'impératif qui expriment des ordres ou des conseils dans la lettre de Michael.

- .... • ....
- .... • ....

b. Write it in English. Écris-le en anglais.

- J'ai de nouveaux amis. ....
- Les règles de mon école ne sont pas très strictes.

....

- Je dois faire mes devoirs à temps.

....

- Je dois venir avant la fin de la semaine.

....

- Ne t'inquiète pas ! ....

c. Find the questions. Trouve les questions comme dans l'exemple.

What must Michael wear at school? He must wear a uniform.

- How many ....? He's got three friends.
- Where ....? She lives next door.
- Where .... from? She's from India.
- Can ....? No, he can't. He must wear black shoes.
- What ....? It's a tyrannosaurus.

d. Complete these sentences. Complète ces phrases.

- Michael's letter is for his ....
- His three new friends in Bath are ....
- The teachers ....
- The school rules ....
- Kim Carson works in a ....
- Michael's sister, ..., has got ....
- Michael says hello ....

4 What about you?

→ Manuel p. 99

Write a short letter to your English correspondent about your school.
Écris une courte lettre à ton correspondant anglais pour lui parler de ton école.

Dear X, • *must* • *mustn't* • *wear* • *practise sports* • *talk* • *write essays* • *do homework*

....

....

....

....

GRAMMAR: l'impératif

REMEMBER AND THINK

A Compare les phrases suivantes à l'impératif.

a. *Look at the photo!* **b.** *Don't touch his head!*

Dans la phrase **a.**, l'impératif est à la forme .... Il est construit avec la .... du verbe.

Dans la phrase **b.**, l'impératif est à la forme .... Il est construit avec .... + la .... du verbe.

B Observe les phrases suivantes.

a. *Be quiet!* **c.** *You must be quiet.*
b. *Don't touch anything!* **d.** *You mustn't touch anything.*

- Les phrases **a.** et **c.** ont un sens : ☐ équivalent. ☐ très différent.

La phrase **a.** est à l'impératif, elle exprime un ....

Dans la phrase **c.**, l'auxiliaire .... exprime :

☐ une obligation. ☐ une interdiction.

• Les phrases **b.** et **d.** ont un sens : ☐ équivalent. ☐ très différent.

La phrase **b.** est ...., elle exprime un ordre.

Dans la phrase **d.**, l'auxiliaire .... exprime :

☐ une obligation. ☐ une interdiction.

NOW, PRACTISE WHAT YOU KNOW

1 Observe les phrases suivantes. Souligne en vert les impératifs affirmatifs et en rouge les impératifs négatifs.

a. Don't be aggressive and answer my question!

b. Take your camera and come with me to Stonehenge!

c. Be quiet! Listen to me, please!

d. You like dinosaurs. Have a look at my photos, then!

2 Transforme les phrases suivantes (dans un sens ou dans l'autre) comme dans les exemples.

Be quiet! → You must be quiet.
Don't touch anything! → You mustn't touch anything.

a. Write a letter to your grandmother!

....

b. You mustn't climb on that ladder.

....

c. Don't be late for school!

....

d. You must wear your school uniform.

....

Step 3 Signs

→ Manuel p. 100-101

1 **2** **Manuel**

3 **Draw your personal sign.** Dessine ton propre panneau de signalisation.

Please... *No brothers, sisters, dogs...* *Don't...* *Danger!* *Do not disturb*

a. Show it to the class. Montre-le à la classe.

b. Make sentences. Use *must* / *mustn't*. Fais des phrases. Utilise *must* / *mustn't*.

Brothers mustn't come in!

Language Corner

→ **Manuel** p. 102-103

MISS MOUTH AND MR EAR

→ **Manuel** p. 102

1 **Prononce ces dix mots à haute voix et classe-les selon le son modèle comme dans l'exemple.**

bus got hungry love money pocket son sorry wash watch

DUCK *bus* ....

DOG ....

2 **Prononce les mots suivants puis classe-les dans le tableau.**

food got lunch one Oops! stop
two you must long book who

DOG	DUCK	DO	LOOK
		food	

3 **Lis ces phrases et, à l'aide d'une flèche orientée vers le bas ou vers le haut, montre si leur intonation est descendante ou montante.**

Can I take a photo of the dinosaur? ↗

a. How are you? ....

b. Is this where you work? ....

c. Do you like my motorbike? ....

d. Have you got my CD? ....

e. Whose teddy bear is this? ....

I can do it!

→ Manuel p. 105-106

4

1 **Je sais distinguer les sons /eə/ et /ɪə/. J'écris les mots suivants dans la colonne qui correspond à leur prononciation.**

stairs *hear* hair bear beer ear dear wear really where here there

/eə/		/ɪə/	
stairs	....	hear	....
....	....	....	....
....	....	....	....

2 **Je sais distinguer les sons /ʌ/ et /ɒ/. J'écris les mots suivants dans la colonne qui correspond à leur prononciation.**

brother *want* son love sun song sock come touch sorry funny

/ʌ/		/ɒ/	
brother	....	want	....
....	....	....	....
....	....	....	....

3 **Je sais distinguer les sons /θ/ et /ð/. J'écris les mots suivants dans la colonne qui correspond à leur prononciation.**

this *bath* the think weather thing mouth there teeth anything three then

/θ/		/ð/	
bath	....	this	....
....	....	....	....
....	....	....	....

4 **Manuel**

5 **Je sais demander et dire à qui appartient un objet en utilisant les mots proposés.**

a. CD? Laura ....

....

b. uniform? Michael ....

....

c. books? David ....

....

d. new computer? Mr Carson ....

....

6 Je sais remplacer les mots soulignés par les adjectifs possessifs *his* ou *her*.

a. Laura's mother is an archaeologist.

....

b. Michael's father is in California.

....

c. My brother's friends are Indian.

....

7 Je sais remplacer les mots soulignés comme dans l'exemple.

I've got a blue sweater. → My sweater is blue.

a. Dave and Claire have got nice friends.

....

b. She's got blonde hair.

....

c. He's got strange pets.

....

8 Je sais trouver dans le dialogue que j'entends des informations concernant la possession, l'obligation et l'interdiction. Pour chaque phrase, je coche la bonne case.

	True	False
a. The new CD is Ted's.	☐	☐
b. Ann can touch it.	☐	☐
c. Ted and Ann can play on the computer.	☐	☐
d. They mustn't touch anything.	☐	☐
e. Ann can be late.	☐	☐
f. She must go riding her pony.	☐	☐

9 Je sais dire à un camarade ce qu'il doit faire et ne pas faire.

a. écouter le professeur ....

b. apprendre ses leçons ....

c. manger des bonbons toute la journée ....

d. lever la main en classe ....

e. tout toucher dans les magasins ....

f. être en retard à l'école ....

g. rester tranquille en classe ....

h. regarder la télévision tard le soir ....

i. oublier ses affaires ....

10 **Je sais donner des ordres. Je traduis les phrases suivantes.**

a. Écoute-moi ! ....

b. Demande à ton voisin ! ....

c. Ouvrez vos livres ! ....

d. Ne touche pas mes CD ! ....

e. N'écris pas sur ton livre ! ....

f. Ne mange pas mon gâteau ! ....

11 **En écoutant le dialogue, je sais dire ce que Kate et William doivent ou ne doivent pas acheter.**

Kate and William must buy...	Kate and William mustn't buy...

12 **Je sais parler de la taille d'une personne ou de dimensions.**

• Je sais compléter ces phrases.

a. – How .... are you? – I .... 5 feet ....

b. – How .... is the River Thames? – It .... 210 miles ....

c. – .... high .... Mont Blanc? – .... is 4,807 metres ....

• Je sais traduire ces phrases.

a. – Combien mesures-tu ? – Je mesure 1,55 mètre.

....

b. – Quelle est la hauteur de ta maison ? – Elle fait 10 mètres de haut.

....

Usual and Unusual Pets

STAGE 9

STARTERS

→ Manuel p. 107

1 Listen to the dialogue and tick the correct answer. Écoute le dialogue et coche la bonne réponse.

a. Where is this family?

☐ In a safari park. ☐ In a zoo. ☐ In a shop.

b. What can the children do?

☐ They can open the window.
☐ They can play with the lions.
☐ They can watch the lions.

c. What must the children do?

☐ They must go and play with the lions.
☐ They must be quiet.
☐ They must open the window.

2 Listen to the dialogue and tick the correct answer. Écoute le dialogue et coche la bonne réponse.

a. Eric thinks the lions are...?

☐ sleeping. ☐ eating.
☐ looking at Brian.

b. Brian thinks the lions are...?

☐ sleeping. ☐ eating.
☐ looking at him.

c. Where does Brian like to see lions?

☐ In safari parks. ☐ In the jungle.
☐ On television.

Step 1 My pizza's burning!

→ Manuel p. 108-109

STARTERS

→ Manuel p. 108

Voir Manuel

2 Get ready

→ Manuel p. 108

a. What is Laura doing? Que fait Laura ?

☐ Laura is working. ☐ Laura is phoning.

b. What is Michael doing? Que fait Michael ?

☐ Michael is repairing Laura's computer. ☐ Michael is cooking.

Note it!

→ Manuel p. 108

Complete the dialogue. En imitant le dialogue page 108, invente ton propre dialogue.

– What's your .... doing in ....?

– He's / She's ....

– What about ....?

– He's / She's ....

3 Listen then say what you understand

→ Manuel p. 109

a. Listen and complete these sentences. Écoute et complète ces phrases à l'aide des mots suivants : *Rajiv and his aunt – Brian – Laura's computer – Michael – Rajiv – Michael's pizza.*

- .... isn't working.
- .... is cooking.
- .... is showing the city to his aunt.
- .... are visiting the Roman Baths.
- .... is painting a tyrannosaurus.
- .... is burning.

b. What's their problem? Quel est leur problème ?

- Laura: Her computer ....
- Michael: His pizza ....
- Rajiv and his aunt: Bad luck! It ....

c. They can't help Laura. Why? What are they doing? Ils ne peuvent pas aider Laura. Pourquoi ? Que font-ils ?

- Rajiv ....
- Michael ....
- Brian ....

d. Find the answers or the questions. Trouve les réponses ou les questions.

- What's Brian doing? ....
- What's Laura doing? ....
- ....? I'm cooking.
- ....? He is visiting Bath with my aunt.

4 What about you?

→ Manuel p. 109

It's 4 p.m. Imagine what your parents are doing at the moment. Il est 4 heures de l'après-midi. Imagine ce que font tes parents en ce moment.

work – go shopping – have tea – play bridge – cook dinner

....

....

....

....

GRAMMAR : le présent *be-ing*

REMEMBER AND THINK

A Observe les phrases suivantes. Souligne le sujet en vert, l'auxiliaire en bleu, le verbe en rouge.

a. *I'm cooking.*

b. *You aren't doing anything special.*

c. *What are you doing?*

- La phrase **a.** est affirmative, l'ordre des mots est .... + ...

+ ....

• La phrase **b.** est négative, l'ordre des mots est ………………………… + …………………………

+ ………………………… + …………………………

• La phrase **c.** est interrogative, l'ordre des mots est ………………………… +

………………………… + …………………………?

Si j'appelle le sujet **S**, l'auxiliaire **A** et le verbe **V**, je peux représenter la construction au présent *be -ing* sous la forme :

• forme affirmative = ……………… + ……………… + ………………

• forme interrogative = ……………… + ……………… + ………………?

Donc, pour passer de la forme affirmative à la forme interrogative, j'inverse l'ordre du ………………………… et de l' …………………………

B Compare les phrases suivantes.

a. *What are you doing at the moment? I'm painting a tyrannosaurus.*
b. *What are you doing next weekend? I'm having a party.*

Dans ces deux phrases :

• la construction du présent *be -ing* dans les questions est : ☐ la même. ☐ différente.
• la construction du présent *be -ing* dans les réponses est : ☐ la même. ☐ différente.
• le sens du présent *be -ing* dans les questions est : ☐ le même. ☐ différent.
• le sens du présent *be -ing* dans les réponses est : ☐ le même. ☐ différent.

Dans la question et la réponse **a.**, je parle d'une action qui :
☐ se passe au moment où je parle. ☐ va se passer dans le futur.

C'est l'indicateur de temps : ………………………… qui me permet de le dire.

Dans la question et la réponse **b.**, je parle d'une action qui :
☐ se passe au moment où je parle. ☐ va se passer dans le futur.

C'est l'indicateur de temps : ………………………… qui me permet de le dire.

NOW, PRACTISE WHAT YOU KNOW

1 Complète ces phrases avec des verbes correctement conjuguées au présent *be -ing*.

– What ……………… you …………………………, Michael?

– I ……………… ………………………… a pizza.

– Yuk! But can't you smell? Something ……………… …………………………!

– Oh, no! Well, what about you, Laura? What ……………… you …………………………?

– My stupid computer ……………… ………………………… and I ……………… ……………… to repair it!

2 **Souligne en vert les mots qui indiquent que l'action se passe au moment présent et en rouge les mots qui indiquent que l'action va se passer dans le futur.**

a. Listen! The phone is ringing.

b. My aunt is coming from California next month.

c. – Are you doing something special at the moment, Jessica?

– Can't you see? I'm cooking!

d. – What time are you meeting your friends? – This evening at 8.

3 **Traduis les phrases ci-dessus en français.**

a. ....

b. ....

c. ....

....

d. ....

....

Step 2 What are you doing next weekend?

→ Manuel p. 110-111

1 Warm up

→ Manuel p. 110

Voir Manuel

2 Get ready

→ Manuel p. 110

Who are the children speaking about? De qui les enfants parlent-ils ?

☐ Anita's father. ☐ Anita's brother. ☐ Anita's aunt.

Note it!

→ Manuel p. 110

Complete the dialogue. En imitant le dialogue page 110, invente ton propre dialogue.

– What are you doing ....?

– I'm going ....

– And what are you doing next ....?

– I'm ....

3 Listen then say what you understand

→ Manuel p. 111

a. What are they doing next weekend? Que font-ils le week-end prochain ? Trouve qui parle.

- I'm going to Stonehenge with Anita and Rajiv. ....
- I'm driving to Longleat. ....
- I'm going to Stonehenge with my aunt and my sister. ....
- We're getting married. ....

b. At the moment or later on? Maintenant ou plus tard ? Souligne en rouge les phrases qui se passent en ce moment et en vert les phrases qui vont se passer plus tard.

- Listen! The phone is ringing.
- Are you doing anything special at the moment, Jessica?
- What time are you meeting your friends?
- We're going to England this summer.

c. Find the correct tense. Choisis le temps qui convient.

• Look at Brian! He	☐ is painting.	☐ paints a tyrannosaurus.
• Two of my teachers	☐ are getting married.	☐ get married next Saturday.
• I	☐ am going shopping every Friday.	☐ go shopping every Friday.
• Hello, Chris! Who	☐ are you waiting for?	☐ do you wait for?
• Oh, no!	☐ It's raining!	☐ It rains!

4 What about you?

→ Manuel p. 111

What are you doing next weekend? Que fais-tu le week-end prochain ?

Visit friends – go to a concert – paint my bedroom – help my parents – have a match

....

....

....

....

GRAMMAR : les pronoms personnels compléments

REMEMBER AND THINK

Observe les mots soulignés.

a. ***Laura*** *is cooking. I am helping* ***her****.*
b. ***Michael*** *is playing tennis. I am playing against* ***him****.*
c. *My* ***computer*** *doesn't work. I must repair* ***it****.*
d. *The* ***children*** *are hiding in the garden. Jessica is looking for* ***them****.*

Les pronoms compléments soulignés reprennent le .... de la première phrase pour éviter de le ....

• Quand le nom se rapporte à une personne de genre **féminin** comme dans la phrase ...., le pronom complément est ....

• Quand le nom se rapporte à une personne de genre **masculin** comme dans la phrase ...., le pronom complément est ....

• Quand le nom se rapporte à une **chose** comme dans la phrase ...., le pronom complément est ....

• Quand le nom se rapporte à un **pluriel** comme dans la phrase ...., le pronom complément est ....

NOW, PRACTISE WHAT YOU KNOW

1 **Souligne les pronoms sujets en vert et les pronoms compléments en rouge.**

It's Michael's birthday. It's a great day for him. Laura is going shopping. Jessica is going with her. They want to buy him a present. He likes music and he plays the guitar very well.

– Jessica, how much have you got? I've only got £10.

– We've got £20. We can buy some CDs. Why not U2? He loves them.

2 **Maintenant recopie le texte en remplaçant les pronoms compléments par les noms qu'ils représentent.**

Exemple : *It's a great day for him.* → *It's a great day for Michael.*

....

....

....

....

....

....

....

3 Remplace les noms soulignés par des pronoms.

Look at my tyrannosaurus. → *Look at* ***it!***

a. My computer is broken. Can you repair my computer? ....

b. Are you cooking for you and me? ....

c. Laura's calling Anita. ....

d. That's Michael's CD. Give it to Michael! ....

e. I'm looking for Dave and Claire. ....

Language Corner

→ Manuel p. 114-115

MISS MOUTH AND MR EAR

→ Manuel p. 114

1 Lis ces quinze mots à voix haute. Souligne ceux qui comportent le même son que *next* et raye les autres. Quand un mot compte plus d'une syllabe, la syllabe concernée est en gras.

friend **re**pair v**e**ry t**e**rrific her **e**very crick**et** J**e**ssica

she gard**e**n bed pr**e**sent learn H**e**llo pr**e**fer

2 Écris chaque mot sous le mot qui sert de modèle pour sa prononciation. Tous les mots de la même colonne doivent donc comporter le même son !

art ball Bath beans card Carson cheese four
horse jeans learn nurse prefer shirt small speak

CAR /ɑː/	DOOR /ɔː/	TEA /iː/	GIRL /ɜː/
art			

Scoop!

STAGE 10

STARTERS

→ Manuel p. 117

1 Listen to the dialogue and tick the correct answer. Écoute le dialogue et coche la bonne réponse.

a. Who is Mr Rushby looking at?

☐ Brian and Laura.

☐ Michael, Laura and Brian.

b. Who is taking a photo of the wedding?

☐ Laura is. ☐ Brian is.

c. What is Michael carrying?

☐ A present. ☐ Laura's bag.

2 Listen to the dialogue and tick the correct answer. Écoute le dialogue et coche la bonne réponse.

a. Why is Laura happy?

☐ Because Mr and Mrs Rushby invited them.

☐ Because there is no school today.

b. Did Mr and Mrs Rushby like their present?

☐ Yes, they did. ☐ No, they didn't.

c. Did Brian take photos?

☐ Yes, he did. ☐ No, he didn't.

Step 1 What did you do last Saturday?

→ Manuel p. 118-119

1 Warm up

→ Manuel p. 118

Voir Manuel

2 Get ready

→ Manuel p. 118

What did Anita do last saturday? Qu'a fait Anita samedi dernier ?

☐ She visited Stonehenge. ☐ She visited a zoo. ☐ She painted stones.

Note it!

→ Manuel p. 118

Complete the dialogue. En imitant le dialogue page 118, invente ton propre dialogue.

– What did you do last ....?

– I ....

– Did you ....?

– Yes, I did. I ....

3 Listen then say what you understand

→ Manuel p. 119

a. True or false? Vrai ou faux ?

	True	False
• Michael's grandfather arrived last Saturday.	☐	☐
• He wanted to visit Bath.	☐	☐
• Miss Merryn played games.	☐	☐
• Chris repaired Laura's computer.	☐	☐
• Brian decorated the hall.	☐	☐
• Indira did not like Stonehenge.	☐	☐
• Anita visited Stonehenge with Brian.	☐	☐
• Michael cooked eggs and bacon for his grandfather.	☐	☐

b. What did they do last Saturday? Qu'ont-ils fait samedi dernier ? Relie les mots des trois colonnes pour que les phrases correspondent au dialogue page 119.

Anita	watched	games.
Indira	cooked	wild animals at the Safari Park.
Brian	played	eggs and bacon.
Laura	visited	stones.
Michael	painted	Stonehenge with her aunt.

4 What about you?

→ Manuel p. 119

Do you remember the last place you visited? When? Where? Who with?
Te souviens-tu du dernier endroit que tu as visité ? Quand ? Où ? Avec qui ?

Last year		a museum	with my parents.
Last month	I visited	a zoo	with my friends.
Last week		a park	with my class.

....

....

....

GRAMMAR : le prétérit (1) : les verbes réguliers

REMEMBER AND THINK

A **Observe les phrases suivantes. Souligne le sujet en vert, l'auxiliaire en bleu, le verbe en rouge.**

a. *Brian visited Longleat last Saturday.*

b. *Michael's father didn't come from San Francisco.*

c. *Did your grandfather arrive at 2 p.m.?*

• La phrase **a.** est affirmative, l'ordre des mots est .... + ...

• La phrase **b.** est négative, l'ordre des mots est .... + ... + négation + ...

• La phrase **c.** est interrogative, l'ordre des mots est .... + ... + ... ?

J'appelle le sujet **S**, l'auxiliaire **A**, le verbe **V** et la négation **N**. Je peux alors représenter la construction au prétérit comme suit :

• forme affirmative = ... + ...

• forme négative = ... + ... + ... + ...

• forme interrogative = ... + ... + ... ?

Je m'aperçois que l' .... ***did*** n'apparaît pas à la forme .... mais qu'il est présent aux formes .... et ....

B **Compare l'orthographe du prétérit dans les phrases suivantes. Regarde bien la dernière lettre de la base verbale.**

a. *I visit**ed** Longleat.* (base verbale : *visit*)
b. *I prefer**red** the gorillas.* (base verbale : *prefer*)
c. *He arriv**ed** at 2 p.m.* (base verbale : *arrive*)
d. *The School Orchestra play**ed** the Bridal March.* (base verbale : *play*)
e. *Miss Merryn marr**ied** Mr Rushby last Saturday.* (base verbale : *marry*)

• Dans la phrase **a.**, comme pour un grand nombre de verbes réguliers, j'ajoute .... à la base verbale.

• Dans la phrase **b.**, je double la .... finale parce que la base verbale se termine par une .... + une .... + une ....

• Dans la phrase **c.**, la base verbale se termine par la lettre .... donc je me contente d'ajouter un ....

- Dans les phrases **d.** et **e.**, la base verbale se termine par la lettre ....
- Dans la phrase **d.**, le *y* est précédé d'une voyelle, je rajoute .... à la base verbale.
- Dans la phrase **e.**, le *y* est précédé d'une consonne, la terminaison du prétérit est ....

Pour prononcer correctement la terminaison *-ed*, reporte-toi à l'exercice 2 du *Language Corner* page 100.

C Compare l'emploi des temps (présent simple et prétérit) dans les phrases suivantes.

a. *Brian visits Longleat* ***every year****.* **b.** *Brian visited Longleat* ***last Saturday****.*

Dans les deux phrases, c'est l'indicateur de temps qui me permet de choisir entre le .... et le ....

- Dans la phrase **a.**, j'emploie le .... parce que l'indicateur de temps *every year* précise que l'action de visiter Longleat est une .... de Brian. Il va à Longleat ....
- Dans la phrase **b.**, j'emploie le .... parce que l'indicateur de temps *last Saturday* précise que l'action de visiter Longleat a eu lieu dans le .... Brian y est allé ....

NOW, PRACTISE WHAT YOU KNOW

1 Traduis les phrases suivantes en utilisant le prétérit. Fais attention à l'orthographe.

a. Brian a peint un tyrannosaure hier.

....

b. Michael a réparé son ordinateur dimanche dernier.

....

c. Dave a joué de la guitare le week-end dernier.

....

d. Laura a accueilli Michael à Bath le mois dernier.

....

2 Observe les phrases suivantes. Souligne les indicateurs de temps puis réécris la phrase au temps qui convient : présent simple ou prétérit.

Brian (play) football every weekend. → Brian plays football every weekend.

a. Michael always (go) to school by bus. ....

....

b. Brian (visit) the Safari Park last June, he (love) the tigers but he (prefer) the monkeys.

....

....

c. – What time he (arrive) from San Francisco? – He (arrive) at 2 p.m. the day before yesterday. ....

....

Step 2 Is Bath bigger than San Francisco?

→ Manuel p. 120-121

1 Warm up

→ Manuel p. 120

Voir Manuel

2 Get ready

→ Manuel p. 120

a. What sort of documents are the two texts on page 121? Quel sorte de document sont les deux textes page 121 ?

☐ Articles. ☐ E-mails. ☐ Essays.

b. Where can you read these texts? Où peut-on lire ces textes ?

☐ In a book. ☐ In a magazine. ☐ On a computer.

Note it!

→ Manuel p. 120

Complete the dialogue. En imitant le dialogue page 120, invente ton propre dialogue.

– Is .... er than ....?

– No, it isn't. It's ....

– But is .... more .... than ....?

– I don't know but it's ....

3 Read then say what you understand

→ Manuel p. 121

a. Complete the grid about Michael's family. Complète le tableau à propos de la famille de Michael.

	Mother	Father	Sister
Name			
Occupation			
Place			

b. Complete the sentences with comparatives. Complète les phrases avec des comparatifs.

San Francisco is .... Bath.

The buildings are ....

The cars are ....

The weather is ....

Bath is .... San Francisco.

Michael knows Bath .... San Francisco.

c. What does Michael's grandfather want to do? Que veut faire le grand-père de Michael la semaine prochaine ?

....

d. What does Michael think of English kids? Que pense Michael des enfants anglais ?

He thinks ....

4 What about you?

→ Manuel p. 121

Compare your town and New York City. Compare ta ville à New York.

monuments – interesting – buildings – high – shops – big – life – exciting

....

....

....

GRAMMAR : le comparatif de supériorité des adjectifs

REMEMBER AND THINK

A **Observe les phrases suivantes.**

a. *San Francisco is bigger than Bath.* (1: San Francisco; 2: Bath)   **b.** *American cars are longer than English cars.* (1: American cars; 2: English cars)

Dans ces deux phrases, je .... l'élément 1 à l'élément 2.

• Dans la phrase **a.**, je dis que San Francisco est :

☐ aussi grand que Bath.   ☐ plus grand que Bath.

• Dans la phrase **b.**, je dis que les voitures américaines sont :

☐ aussi longues que les voitures anglaises.   ☐ plus longues que les voitures anglaises.

B **Observe le comparatif des adjectifs dans les phrases suivantes.**

a. *Life in Bath is* ***more interesting than*** *life in San Francisco.*

b. *Is the weather* ***warmer*** *in California* ***than*** *in Bath?*

• Dans la phrase **a.**, l'adjectif *interesting* est : ☐ court.   ☐ long.

Au comparatif de supériorité, la construction est donc .... + ...

\+ ....

• Dans la phrase **b.**, l'adjectif *warm* est : ☐ court.   ☐ long.

Au comparatif de supériorité, la construction est donc .... + ...

\+ ....

• Retiens que *good* a un comparatif irrégulier *better*.

NOW, PRACTISE WHAT YOU KNOW

1 **Relis le premier texte page 121 de ton manuel et coche si les phrases suivantes sont justes ou fausses. Écris la bonne réponse quand la phrase proposée est fausse.**

	True	False
a. The buildings in San Francisco are higher than in Bath.	☐	☐
....		
b. English cars are longer than American cars.	☐	☐
....		
c. The weather is warmer in California than in England.	☐	☐
....		

d. Now, Michael knows Bath better than San Francisco. ☐ ☐

....

2 **Complète les phrases suivantes en mettant les adjectifs au comparatif de supériorité. Attention, certains adjectifs sont courts, d'autres longs et il y en a un qui est irrégulier ! Tu peux t'aider de cette liste d'adjectifs :** *expensive / long / comfortable / high / good / interesting.*

a. There are good seats in the Eurostar. They're .... in local trains.

b. The Eiffel Tower is .... Nelson's Column, isn't it?

c. I'm going to buy a plane ticket to go to San Francisco. It's .... a Eurostar ticket!

d. I visited Madame Tussaud's last year. I think that it's .... Windsor Castle.

e. Is the River Thames .... the River Avon?

f. A hamburger is .... fish.

Language Corner

→ Manuel p. 124-125

MISS MOUTH AND MR EAR

→ Manuel p. 124

1 **Cinq consonnes.**

a. La lettre H. Tu vas entendre dix mots. Écoute attentivement. S'ils commencent par un H, écris H. S'ils ne commencent pas par un H, n'écris rien.

1. H 2. .... 3. .... 4. .... 5. ....

6. .... 7. .... 8. .... 9. .... 10. ....

b. La lettre R. Lis ces cinq phrases et souligne la lettre R quand elle est prononcée. Il peut y en avoir plusieurs dans la même phrase. Trace un arc de cercle pour la liaison, comme dans l'exemple.

- *They are American.*
- There are eleven trees in the garden.
- Where is my sister?
- He arrived at three o'clock.
- My computer is broken. Can you repair it?

c. Les sons /k/, /t/ et /p/. Lis ces phrases à haute voix puis souligne les syllabes commençant par les sons /k/, /t/ et /p/ comme dans l'exemple proposé.

- *My two cats are crazy.*
- I prefer chocolate!
- Can you come?
- I cooked a pizza at quarter past ten.
- I can't tell you the Carsons' address.

2 La terminaison du prétérit *-ed*.
Classe ces verbes au prétérit simple selon la prononciation de leur finale.

arrived carried crossed decorated preferred looked illustrated proposed repaired interviewed cooked married loved liked visited painted played wanted stayed

/d/	/t/	/ɪd/

LANGUAGE ACTIVITIES

→ Manuel p. 125

1 Talk about your last birthday party (who – where – how did people react...).
Raconte ta dernière fête d'anniversaire.

Who	
Where	
How did people react	
Cake	
Presents	
Music	

2 Interview your neighbour: Discover things about a famous person. What did he do? When did he live? Interroge ton voisin / ta voisine : découvre à quel personnage célèbre il / elle pense. Qu'a-t-il fait ? Quand a-t-il vécu ?

What did he do?	
When did he live?	
Who is it?	

CINDERELLA JONES (1)

→ Manuel p. 126

1 **Dans cette histoire, combien de personnages ont un nom ?**

☐ Deux personnages. ☐ Trois personnages. ☐ Quatre personnages.

2 **Quels sont leurs noms ?**

....

3 **Les sœurs de Cinderella ne sont pas nommées :**

☐ parce qu'on ne veut pas donner leur nom.

☐ parce qu'elles ne sont pas les personnages principaux de l'histoire.

4 **Les personnages de l'histoire sont parfois remplacés par des pronoms personnels. Indique ce que ces pronoms remplacent aux lignes suivantes.**

a. *She* (ligne 2) remplace ....

b. *They* (ligne 4) remplace ....

c. *Her* (ligne 13) remplace ....

5 **Relève les verbes décrivant Cinderella (ses activités, ses vêtements, ses sentiments).**

....

6 **Quels verbes décrivent les activités de ses sœurs ?**

....

7 **Quelle phrase résume bien la vie de Cinderella ?**

☐ She is a happy girl. ☐ She is a beautiful girl. ☐ She is an unhappy girl.

8 **Quel adjectif montre que Carrie est une personne bizarre ?**

....

9 **Quel est le temps principalement utilisé dans cette histoire ?**

☐ Le présent simple. ☐ Le présent *be -ing*. ☐ Le prétérit.

a. Les verbes sont au .... parce qu'ils sont formés avec la base verbale

\+ .... comme par exemple .... / .... / ....

b. Ils sont au .... parce que c'est une histoire :

☐ qui se passe maintenant. ☐ qui se déroule dans le passé.

10 **Quand Cinderella dit *I can't* (ligne 18), elle veut dire qu'elle ne peut pas aller au bal parce qu'elle :**

☐ ne sait pas danser. ☐ n'a pas la permission d'aller danser.

11 **Résume le début de l'histoire. Utilise les mots suivants pour compléter le texte.**

arrived	*asked*	*Crazy*	*cried*	*dance*	*did*	*do*
invited	*lived*	*not*	*sisters*	*stayed*	*want*	*worked*

Cinderella .... with her two horrible ....

She always .... and her sisters ....

nothing. One day Prince Harry .... all the girls but

.... Cinderella. She .... at home

and .... Suddenly, ...

Carrie .... and .... Cinderella:

.... you .... to go to

the ....?

I can do it!

→ Manuel p. 127-128

5

1 Je sais distinguer les sons /ɑː/ et /ɔː/. J'écris chaque mot dans la colonne qui correspond à sa prononciation.

ask can't *door* talk Bath walk aunt laugh park four warm wall

/ɑː/		/ɔː/	
ask		door	

2 Je sais distinguer les sons /e/ et /ɜː/. J'écris chaque mot dans la colonne qui correspond à sa prononciation.

next help *girl* smell burn her centre learn present birthday wedding

/e/		/ɜː/	
next		girl	

3 Je sais dire si le suffixe *-ed* de ces verbes réguliers se prononce /d/, /t/ ou /ɪd/. J'écris chaque verbe dans la colonne qui correspond à sa prononciation.

arrived *stopped* *wanted* listened liked helped decided played visited loved preferred cooked collected climbed waited married crossed walked

/d/	/t/	/ɪd/
arrived	stopped	wanted

4 Manuel

5 **Je sais reconnaître les consonnes muettes (= qui ne se prononcent pas) dans ces mots. Je raye la consonne muette puis je prononce les mots. Enfin, je vérifie avec l'enregistrement.**

know who knife climb Wednesday talk grandmother better Christmas

singer autumn listen hour half walk sister answer whose mustn't

6 **Manuel**

7 **Je sais mettre les verbes entre parenthèses à la forme qui convient.**

a. We (go) to Miss Merryn and Mr Rushby's wedding next Saturday.

....

b. Look! They (walk) out of the Town Hall.

....

c. – What you (do) tomorrow? – I (take) my aunt to Stonehenge.

....

d. Can't you hear, Laura? Michael (play) the guitar upstairs.

....

8 **Je sais faire deux phrases, une pour parler d'une activité en train de se faire et une pour parler d'une activité que j'ai l'intention de faire.**

....

....

9 **Je sais comparer des personnes ou des choses. Par exemple, je sais comparer mon collège et celui de Laura et Michael (bâtiments, emploi du temps, professeurs, camarades, règlement...). Je fais quatre phrases en utilisant certains des adjectifs suivants : *small, old, modern, strict, nice, difficult, interesting, friendly.***

....

....

....

....

I can do it!

10 **Je sais parler d'actions passées, donc je sais mettre les mots dans l'ordre pour faire des phrases correctes au prétérit.**

a. get married / Saturday / Miss Merryn / did / last / ?

....

b. the / collected / wedding / a lot of / friends / money / their / for / .

....

c. crossed / Atlantic / the / never / I / .

....

11 **Je sais mettre les verbes entre parenthèses au prétérit.**

a. They (visit) Bath last year.

....

b. Jessica (study) art at the university two years ago.

....

c. My mother (cook) a delicious cake for my birthday last Saturday.

....

12 **Je sais remettre les phrases dans l'ordre pour reconstruire une histoire au passé.**

a. One night, a violent storm pushed the ship on big rocks. Number ....
b. He lived on this island for ten years. Number ....
c. I suppose you know Robinson Crusoe. Number ....
d. Finally, a ship appeared and Robinson returned to England. Number ....
e. One day, he decided to go round the world on a big ship. Number ....
f. He arrived on a desert island. Number ....
g. He started from England and crossed the ocean. Number ....
h. All the sailors died except Robinson Crusoe. Number ....
i. He lived a long time ago and he loved the sea. Number ....

13 **Je sais raconter une courte histoire au passé. Je raconte une fête d'anniversaire avec des amis en employant les expressions suivantes :** ***my friends (arrive) / they (offer) me / my mother (cook) / we (play) together / we (listen to).***

....

....

....

....

I can do it!

14 Je sais comprendre une courte histoire enregistrée. Je coche la bonne case.

a. The story is about:
☐ a bird and a cat. ☐ a bird and a fox. ☐ a bird and a dog.

b. Miss Birdie is:
☐ eating apples. ☐ cooking an apple pie. ☐ eating an apple pie.

c. Her mother:
☐ cooked it this morning. ☐ cooked it yesterday. ☐ cooked it for her birthday.

d. Mr Fox:
☐ hates apple pie. ☐ prefers apple pie. ☐ loves apple pie.

e. Mr Fox thinks:
☐ rabbits are better than apple pie. ☐ apple pie is better than rabbits.

f. Miss Birdie:
☐ gives her apple pie. ☐ doesn't give her apple pie. ☐ can give her apple pie.

g. Mr Fox is:
☐ stronger than Miss Birdie. ☐ more intelligent than Miss Birdie.

h. Miss Birdie:
☐ can't sing. ☐ can sing very well. ☐ sings every day.

i. For Miss Birdie:
☐ flying is more difficult than singing ☐ singing is more difficult than flying.

j. Miss Birdie started singing and:
☐ the apple pie hit Mr Fox's head. ☐ Mr Fox climbed up the tree.

k. ☐ Mr Fox cried and Miss Birdie laughed. ☐ Mr Fox laughed and Miss Birdie cried.
☐ Miss Birdie and Mr Fox laughed.

15 Je sais employer l'expression juste dans chacune de ces situations.

a. Quand je veux dire que je suis en train de faire quelque chose, je dis :
☐ I am answering the phone. ☐ I answered the phone. ☐ I always answer the phone.

b. Quand je veux dire que j'ai l'intention de faire quelque chose, je dis :
☐ I got married last week. ☐ I'm getting married next week. ☐ I'm getting married today.

c. Quand je veux comparer deux personnes, je dis :
☐ Dave is very tall. ☐ Dave is taller than Claire. ☐ Dave and Claire are tall.

d. Quand je veux parler d'une action passée, je dis :
☐ Mum cooked a cake yesterday. ☐ Mum never cooks cakes.
☐ Mum is cooking a cake.

STAGE 11

Past and Present

STARTERS

→ Manuel p. 129

1 Listen to the dialogue and tick the correct answer. Écoute le dialogue et coche la bonne réponse.

a. Did Laura do her homework?

☐ Yes, she did.

☐ No, she didn't. She watched TV.

b. What did Michael do after his homework?

☐ He played video games.

☐ He watched TV.

2 Listen to the dialogue and tick the correct answer. Écoute le dialogue et coche la bonne réponse.

a. What was the history lesson about?

☐ William of Wales.

☐ William the Conqueror.

b. How did Michael find the history lesson?

☐ Great. ☐ Interesting.

Step 1 I dreamt about him last night!

→ Manuel p. 130-131

1 Warm up

→ Manuel p. 130

Voir Manuel

2 Get ready

→ Manuel p. 130

Who are the three children's essays about? Sur qui portent les rédactions des trois enfants ?

- Anita's essay is about ....
- Brian's essay is about ....
- Michael's essay is about ....

Note it!

→ Manuel p. 130

Complete the dialogue. En imitant le dialogue page 130, invente ton propre dialogue.

– When he was .... he ....

– What did he ....?

– He .... and ....

3 Listen then say what you understand

→ Manuel p. 131

Listen to the dialogue and tick. Écoute le dialogue et coche les cases qui conviennent.

- The class must...
  - ☐ do an exercise.
  - ☐ finish an essay.
  - ☐ learn a text by heart.
  - ☐ present a project.
- The class must do the work for...
  - ☐ next Monday.
  - ☐ next Tuesday.
  - ☐ last Wednesday.
  - ☐ last Monday.

	Anita is...	Brian is...	Michael is...
Joan of Arc.			
Julius Caesar.			
William the Conqueror.			

- Michael isn't here today because he is:
  - ☐ sick.
  - ☐ late.
  - ☐ hungry.
- Laura's hero is:
  - ☐ horrible.
  - ☐ handsome.
  - ☐ young.
  - ☐ old.
  - ☐ poor.
  - ☐ rich.
  - ☐ Chilean.
  - ☐ British.

	Laura's hero has got...	Laura's hero hasn't got...
a brother.		
a sister.		
a father.		
a mother.		

4 What about you?

→ Manuel p. 131

What did you do last Wednesday? Qu'as-tu fait mercredi dernier ? Tu peux t'aider de la liste des verbes irréguliers page 159.

play tennis, football, handball, on computer – play the piano, the guitar, the violin – write an essay for school – see friends – help parents

....

....

....

....

....

GRAMMAR : le prétérit (2) : les verbes irréguliers

REMEMBER AND THINK

A Observe les phrases suivantes. Souligne le sujet en vert, l'auxiliaire en bleu, le verbe en rouge.

a. *William was very ambitious.*

b. *William became king of England.*

c. *Was William very ambitious?*

d. *Did William become king of England?*

• Les phrases **a.** et **b.** sont affirmatives : l'ordre des mots est .... + ...

• Les phrases **c.** et **d.** sont interrogatives mais attention à l'ordre des mots.

• Pour le verbe *be* (phrase **c.**), l'ordre des mots est .... + ...

• Pour le verbe *become* (phrase **d.**), comme pour tous les autres verbes, l'ordre des mots est .... + ... + ...

Donc, à la forme interrogative, les phrases suivantes deviennent :

Mathilde made a beautiful tapestry.

.... + ... + ...?

The people in England spoke Saxon.

.... + ... + ...?

B Observe les verbes dans les phrases suivantes.

a. *Laura* ***dreamt*** *about William last night.*

b. *He* ***helped*** *people,* ***built*** *roads and* ***spoke*** *to the chidren in schools.*

Ces verbes sont tous au .... mais trois sont ....

et l'un est ....

On construit le prétérit d'un verbe régulier en ajoutant .... à la base verbale et on doit .... par cœur le prétérit d'un verbe irrégulier.

NOW, PRACTISE WHAT YOU KNOW

Écris sous chaque phrase l'ordre des mots (S = sujet / A = auxiliaire / V = verbe). Indique après chaque verbe s'il est régulier ou irrégulier. S'il est irrégulier donne sa base verbale (voir liste des verbes irréguliers p. 159).

a. Did Laura see Michael yesterday?

....

b. I read an article about William last night.

....

c. William the Conqueror invaded England in 1066.

....

d. Was Michael ill when you saw him?

....

Step 2 I won the battle of Hastings

→ Manuel p. 132-133

1 Warm up

→ Manuel p. 132

a. b. c. Manuel

d. Listen to this interview and tick. What do you know about Candice Calloway?
Écoute l'interview et coche les bonnes réponses. Que sais-tu sur Candice Calloway ?

Age:	☐ 16	☐ 18	☐ 80
Born in:	☐ Belfast	☐ Brighton	☐ Bristol
Birthday in:	☐ August	☐ April	☐ October
Job:	☐ journalist	☐ actress	☐ pop singer
Nationality:	☐ British	☐ American	☐ Australian

2 Get ready

→ Manuel p. 132

Listen and guess. Who is the story about? Écoute et devine. De qui parle l'histoire ?

☐ William Shakespeare. ☐ William Cody. ☐ William the Conqueror.

Note it!

→ Manuel p. 132

Complete the dialogue. En imitant le dialogue page 132, invente ton propre dialogue.

– When were you born?

– I ....

– Were you born in ....?

– No, ...

3 Read then say what you understand

→ Manuel p. 133

Answer these questions. Réponds à ces questions.

a. What can you say about the hero? Que peux-tu dire à propos du héros ?

What was his name? ....

What was his title in 1065? ....

When was he born? ....

Where was he born? ....

What was his wife's name? ....

When did he die? ....

b. What was the hero's idea? Quelle était l'idée du héros ?

☐ He wanted to be King of France. ☐ He wanted to invade Ireland.

☐ He wanted to become King of England.

c. What was his new name? Quel était son nouveau nom ?

☐ Henry V. ☐ William II. ☐ William the Conqueror.

d. What did his wife make? Qu'a fait sa femme ?

☐ A sculpture. ☐ A painting. ☐ A tapestry.

e. Two languages created modern English. Find them. Deux langues ont créé l'anglais moderne. Trouve-les.

☐ Saxon. ☐ Norman. ☐ Spanish. ☐ French. ☐ German.

f. How many castles did the hero build? Combien de châteaux le héros a-t-il construit ?

☐ Ninety. ☐ Eighty. ☐ Eighteen.

Name two of these castles. Donne le nom de deux de ces châteaux.

....

....

g. When the hero died... Lorsque le héros est mort...

☐ France and England became friends. ☐ France and England became enemies.

4 What about you?

→ Manuel p. 133

What did you do last summer? Qu'as-tu fait l'été dernier ?

I went to... – I visited... – I studied... – I practised...

....

....

GRAMMAR : *and, but, or*

REMEMBER AND THINK

Compare les phrases suivantes et concentre ton attention sur les mots en caractères gras.

a. *I was handsome* ***and*** *I was a prince.*
idée 1 — **idée 2**

b. *It was warm in San Francisco* ***but*** *I like rain.*
idée 1 — **idée 2**

c. *Is Michael late* ***or*** *ill?*
idée 1 — **idée 2**

- Dans la phrase **a.**, ***and*** indique que la deuxième idée :

☐ s'ajoute à la première ;
☐ s'oppose à la première ;
☐ est un choix par rapport à la première.

- Dans la phrase **b.**, ***but*** indique que la deuxième idée :

☐ s'ajoute à la première ;
☐ s'oppose à la première ;
☐ est un choix par rapport à la première.

- Dans la phrase **c.**, ***or*** indique que la deuxième idée :

☐ s'ajoute à la première ;
☐ s'oppose à la première ;
☐ est un choix par rapport à la première.

NOW, PRACTISE WHAT YOU KNOW

1 Relie les deux colonnes pour que les phrases aient un lien logique et complète par *and / but / or*.

1. I don't remember who was William the Conqueror.	**a.** of French .... English words.
2. He was Duke like his father	**b.** .... won the battle of Hastings.
3. He invaded England	**c.** Was he Norman .... Saxon?
4. The people in England	**d.** .... he was more ambitious.
5. Modern English is a mixture	**e.** spoke Saxon .... Norman.

2 Complète par *and / but / or*.

a. Laura rides her pony every weekend .... she can't this week because she's ill.

b. How did Mr Johnson come from San Francisco? Did he come by boat .... by plane?

c. Brian learns French .... Italian .... he doesn't learn German.

→ Manuel p. 136-137

MISS MOUTH AND MR EAR

→ Manuel p. 136

1 Les lettres muettes

Écoute ces vingt mots. Dans chaque mot, il existe au moins une lettre muette. Souligne la lettre ou les lettres que l'on ne prononce pas en suivant l'exemple du premier mot.

a. *who*
b. how
c. Christmas
d. wrong
e. know
f. walk
g. climb
h. eight
i. write
j. friend
k. hour
l. cupboard
m. half
n. Wednesday
o. right
p. castle
q. higher
r. built
s. handsome
t. two

2 Les formes faibles

Lis ces phrases à haute voix et souligne les mots qui ont une forme faible.

a. Brian and Anita are going to London.
b. Michael is an American boy.
c. He can play baseball.
d. A can of soda.
e. John was from Bath.

LANGUAGE ACTIVITIES

→ Manuel p. 137

1 **You start a story and your neighbour continues it. Raconte le début d'une histoire que ton voisin / ta voisine continue et ainsi de suite. N'oubliez pas d'utiliser *and, but, or*.**

There was a nice girl / a horrible boy who lived in London / Miami / Melbourne and one day he / she ....

....

....

....

2 **Remember a film you liked. Tell the story to your neighbour. Souviens-toi d'un film que tu as aimé. Raconte l'histoire à ton voisin / ta voisine.**

Title	
Characters	
When	
Where	
Story	

CINDERELLA JONES (2)

→ Manuel p. 138

1 **Nomme les quatre choses que Crazy Carrie transforme.**

....

....

....

....

2 **Quel verbe montre qu'elle transforme ces choses.**

She ....

3 **Explique pourquoi elle peut transformer les choses.**

☐ Because she is nice. ☐ Because she is a witch.

4 **Associe chaque objet ou animal avec ce qu'il devient.**

Tom the Cat.	A beautiful Italian sports car.
Cinderella's old trainers.	A beautiful long pink dress.
A big pumpkin.	A chauffeur with a terrific blue uniform.
Cinderella's old clothes.	Beautiful stiletto shoes.

5 **Montre que tu connais le sens de *and* et *but* en répondant à ces questions.**

a. Dans la phrase : *She took a big pumpkin* ***and*** *changed it into a car*, ***and*** indique que :

☐ la deuxième idée s'ajoute à la première ;

☐ la deuxième idée s'oppose à la première.

b. Dans la phrase : *You can go to the dance* ***but*** *you must come back before midnight*, ***but*** indique que :

☐ la deuxième idée s'ajoute à la première ;

☐ la deuxième idée s'oppose à la première.

c. La phrase : *You can go to the dance* ***but*** *you must come back before midnight* veut donc dire que Cinderella :

☐ peut aller danser et revenir après minuit ;

☐ peut aller danser mais ne doit pas rentrer après minuit.

6 **Montre que tu sais ce que veulent dire *can* et *must* en répondant à ces questions.**

Quand Crazy Carrie dit : ***You can go*** *to the dance*, elle veut dire que Cinderella :

☐ ne peut pas aller danser. ☐ a la permission d'aller danser.

Quand Crazy Carrie dit : ***You must come back*** *before midnight*, elle veut dire que Cinderella :

☐ est obligée de rentrer du bal avant minuit.

☐ peut rentrer avant minuit si elle le veut.

7 **Ce texte comprend des verbes irréguliers au prétérit. Écris-les puis trouve leur base verbale. Tu peux t'aider de la liste des verbes irréguliers page 159.**

took → take

....

....

....

8 **Pourquoi emploie-t-on le prétérit quand on décrit la soirée ?**

☐ Parce que c'est une histoire de sorcière.

☐ Parce qu'on raconte une histoire passée.

9 **Trouve l'adjectif montrant que les sœurs de Cinderella sont mécontentes.**

Cinderella's sisters were ....

10 **Tu sais dire à quoi servent les adjectifs qualificatifs.**

✓ Tu sais reconnaître un adjectif qui sert à décrire **objectivement** (tout le monde est d'accord parce que c'est la réalité). Tu le soulignes en bleu.

✓ Tu sais reconnaître un adjectif qui sert à décrire **subjectivement** (chacun peut avoir une opinion différente). Tu le soulignes en rouge.

She took Tom the Cat and changed him into a chauffeur with a terrific blue uniform.

L'adjectif « objectif » .... indique la ....

de l'uniforme.

L'adjectif « subjectif » .... montre que l'uniforme de Tom

est d'un bleu ....

11 **Remets ces phrases dans l'ordre pour que l'histoire ait un sens.**

a. She danced with the Prince all the time. Number ....

b. Poor Cinderella ran home and lost her shoe. Number ....

c. The Prince invited her to dance. Number ....

d. Before midnight, Cinderella remembered Crazy Carrie's words. Number ....

e. Cinderella went to the ball. Number ....

f. The car was not in the street. Number ....

Next Year in California

STAGE **12**

STARTERS

→ Manuel p. 139

1 Listen to the dialogue and tick the correct answer. Écoute le dialogue et coche la bonne réponse.

a. Where did Jane go yesterday?
- ☐ She went to Downing Street.
- ☐ She went to Baker Street.

b. What did she want to see?
- ☐ She wanted to see Sherlock Holmes's house.
- ☐ She wanted to meet Sherlock Holmes.

c. Can you visit Sherlock Holmes's house?
- ☐ Yes, of course. ☐ No, it doesn't exist.

2 Listen to the dialogue and tick the correct answer. Écoute le dialogue et coche la bonne réponse.

a. Where are Michael and his grandfather?
- ☐ They're in Bath. ☐ They're in London.

b. What did Michael say?
- ☐ He said this is Piccadilly Circus.
- ☐ He said this is Oxford Circus.

c. What is Michael's grandfather going to do?
- ☐ He's going to take a photo of Michael.
- ☐ He's going to take a photo of Piccadilly Circus.

Step 1 Mr Johnson said he loves London

→ Manuel p. 140-141

1 Warm up

→ Manuel p. 140

a. et b. Manuel

c. Report to the class. **Fais un compte rendu à la classe de ce que tu as entendu. Utilise le prénom de ton voisin ou de ta voisine.**

Your neighbour says: I love tennis. You report: Catherine said she loves tennis.

- Your neighbour says: I like football.

You report: ....

• Your neighbour says: I've got a cat and two dogs.

You report: ....

• Your neighbour says: I can't swim but I can play cricket.

You report: ....

• Your neighbour says: ....

You report: ....

• Your neighbour says: ....

You report: ....

2 Get ready

→ Manuel p. 140

a. Who is speaking? ....

b. Where are they? ....

Note it!

→ Manuel p. 140

Complete the dialogue. En imitant le dialogue page 140, invente ton propre dialogue.

– .... city!

– What did you say?

– I ....!

3 Listen then say what you understand

→ Manuel p. 141

a. True or false? Vrai ou faux ? Écoute le dialogue et coche la bonne réponse.

	True	False
• Trafalgar Square is in Manchester.	☐	☐
• Nelson was an English admiral.	☐	☐
• Nelson died in 1070.	☐	☐
• The Tower of London is a prison.	☐	☐
• The Chamber of Horrors is at Madame Tussaud's.	☐	☐

b. Complete with adjectives. Complète avec des adjectifs. Ils sont tous présents dans le dialogue page 141.

- It's a .... idea to show me London!
- I think Windsor Castle is more .... than Buckingham Palace.
- Nelson beat the .... Navy at Trafalgar.
- The Chamber of Horrors is a .... place!
- You can see wax models of .... people at Madame Tussaud's.

c. What did he / she say? Qu'a-t-il / elle dit ? Réponds en prenant l'exemple comme modèle.

Mr Johnson said he loves London. → I love London!

- She said we are enjoying school today.

....

- Anita said she'd like to take a photo.

....

- Mrs Merryn said she does not like Madame Tussaud's.

....

4 What about you?

→ Manuel p. 141

Report a conversation about you between two of your teachers. Fais le compte rendu d'une conversation à ton sujet entre deux de tes professeurs. Tu peux utiliser les mots suivants : *nice, intelligent, stupid, interesting, work, play, talk, listen.*

....

....

....

GRAMMAR : le discours rapporté

REMEMBER AND THINK

Observe les modifications dans les phrases suivantes.

a. *Mr Johnson: I **love** London.*

b. *Mr Johnson **said he loves** London.*
OU : *Mr Johnson said **that** he loves London.*

Dans la phrase **a.**, c'est Mr Johnson qui parle. La phrase est au discours :
☐ direct. ☐ rapporté.

Dans la phrase **b.**, on rapporte ce qu'a dit Mr Johnson. La phrase est au discours :
☐ direct. ☐ rapporté.

Remarque que la partie rapportée peut être ou non introduite par *that*. En général *that* n'est pas employé. On dit qu'il est sous-entendu.

NOW, PRACTISE WHAT YOU KNOW

Brian téléphone à Michael. Laura est à côté mais n'entend pas ce que dit Michael. Elle demande donc à Brian de lui répéter ce que dit Michael. Complète les phrases de Brian.

Michael: I visited Madame Tussaud's last week. I loved it!

Laura: What did Michael say?

Brian: He said .... last week and

he .... it.

Michael: I saw lots of famous wax models.

Laura: What did he say?

Brian: He .... lots of famous wax models.

Michael: I think Nelson is fantastic in his uniform.

Laura: Tell me, Brian, please!

Brian: He .... Nelson is fantastic in his uniform.

Michael: And I wasn't scared in the Chamber of Horrors.

Laura: What did he say?

Brian: He .... he was not scared in the Chamber of Horrors.

Laura: Mm...

Michael: What did Laura say?

Brian: She said... Laura, take this phone and speak to Michael!

Step 2 Off to California!

→ Manuel p. 142-143

1 Warm up

→ Manuel p. 142

Voir Manuel

2 Get ready

→ Manuel p. 142

Look at the first e-mail.
a. Who is it for?

☐ Jessica. ☐ Kim. ☐ Michael.

b. Who is it from?

☐ Mr Johnson. ☐ Mr Carson. ☐ Russ Carson.

Note it!

→ Manuel p. 142

Complete the dialogue. En imitant le dialogue page 142, invente ton propre dialogue.

– What are you going ....?

– I'm going .... What about you?

– I'm going ....

3 Read then say what you understand

→ Manuel p. 143

a. What did they do? Qu'ont-ils fait?

- Michael's grandfather .... every minute in Bath with Michael.
- When he was back in California he .... an e-mail to Michael.
- Michael's grandmother .... a competition.
- She .... 476 penguins on a photo!

b. What are they going to do? Que vont-ils faire ?

- Next year Laura and Michael ....
- They .... their pocket money.

4 What about you?

→ Manuel p. 143

A friend invites you for next weekend. Send him / her an e-mail to answer. Are you going to go or not? Un(e) ami(e) t'invite pour le week-end prochain. Envoie-lui un e-mail pour lui dire si tu viens ou non.

....

....

....

....

....

GRAMMAR : *be going to*

REMEMBER AND THINK

Observe les phrases suivantes.

a. *We are going to visit Mme Tussaud's.* **b.** *It's going to be great fun!*

Dans la phrase **a.**, *be going to* indique que :

☐ les enfants ont l'intention de visiter Mme Tussaud's ;
☐ les enfants sont en train de visiter Mme Tussaud's.

Dans la phrase **b.**, *be going to* indique que :

☐ les enfants sont en train de bien s'amuser ;
☐ les enfants prévoient qu'ils vont bien s'amuser.

Dans les deux phrases, *be going to* exprime une idée :

☐ présente = l'action se passe au moment où les enfants parlent ;
☐ future = l'action se passera un peu plus tard.

NOW, PRACTISE WHAT YOU KNOW

À partir des situations proposées, fais une phrase avec *be going to* en utilisant ces verbes : *rain, play, buy, visit, save up pocket money.*

The sky is cloudy. → It's going to rain.

a. Laura and Michael have got their tennis rackets.

....

b. Mr Johnson's computer is old.

....

c. We arrived in Bath last night.

.... this afternoon.

d. I'd like a new bike.

....

Language Corner

→ Manuel p. 146-147

MISS MOUTH AND MR EAR

→ Manuel p. 146

1 Fais suivre chacune de ces phrases par une flèche indiquant si son intonation est montante ou descendante.

Are you upstairs? ↗

a. We're going to show him England. ....

b. What about coming with Laura? ....

c. Hurry up! ....

d. Did he call yesterday? ....

2 Souligne les syllabes accentuées comme dans l'exemple.

<u>ho</u>lidays Atlantic Manchester vacation midnight

arrived Friday caravan Hollywood Safari

3 Groupe ces vingt mots par paires lorsque la prononciation de leur son voyelle est identique.

car come dear down end friend fun great here *last*

now off prize show stone take this want with write

a. *car / last*

b. ....

c. ....

d. ....

e. ....

f. ....

g. ....

h. ....

i. ....

j. ....

CINDERELLA JONES (3)

→ Manuel p. 148

1 Quelle expression montre que l'histoire continue le lendemain du bal, quand le Prince vient voir Cinderella chez elle :

☐ when the Prince came. ☐ the next day.

2 Réponds à ces questions sur l'emploi des temps.

a. Quand le Prince dit : ***I'm going to*** *marry the girl who can put on that shoe* (lignes 3-5), il veut dire :

☐ qu'il est en train de l'épouser (c'est le jour du mariage).

☐ qu'il a l'intention de l'épouser plus tard.

b. La phrase : *Prince Harry* ***married*** *Cinderella* (ligne 14) signifie que le prince :

☐ a l'intention d'épouser Cinderella. ☐ a vraiment épousé Cinderella.

c. Quand Cinderella dit : ***Can I try*** *the shoe on?* (lignes 10-11), elle demande si :

☐ elle pourra essayer la chaussure le lendemain.

☐ elle peut essayer la chaussure tout de suite.

3 Relie ces phrases pour qu'elles aient un sens.

Nobody can wear the shoe	because they have got big feet.
The Prince is going to marry Cinderella	because it's too small.
Cinderella's sisters can't put on the shoe	because she can put on the shoe.

4 Complète ces phrases en mettant les adjectifs suivants au comparatif de supériorité : *small, comfortable, big.*

a. Cinderella's feet are .... her sisters' feet.

b. All the girls had .... feet .... Cinderella.

c. Cinderella's shoes are .... Crazy Carrie's shoes.

5 Montre que tu connais le sens de *and* et *but*.

a. Dans la phrase : *Prince Harry married Cinderella, they were very happy* ***and*** *had lots of children* (lignes 14-15), ***and*** s'applique à :

☐ une suite d'événements. ☐ une opposition entre les événements.

b. Si tu voulais dire : « Ils se marièrent mais ils n'eurent pas d'enfants », tu dirais :

☐ *They got married and had no children.* ☐ *They got married but had no children.*

c. Dans la phrase : *They didn't get married* ***but*** *they were very happy too* (lignes 17-18), ***but*** indique que :

☐ les sœurs de Cinderella furent heureuses parce qu'elles ne se sont pas mariées.

☐ les sœurs de Cinderella ne se sont pas mariées mais furent heureuses quand même.

6 Vrai ou faux ? Coche la bonne case. Si la phrase est fausse, écris la réponse juste.

	Vrai	Faux	Réponse juste
a. The Prince ran after Cinderella and found the shoe.			....
b. He said: "I want to marry the girl who can put on the shoe."			....
c. It was easy for Cinderella's sisters to put on the shoe.			....
d. The shoe was very comfortable for Cinderella.			....
e. Cinderella's sisters were happy because they got married.			....

7 **Montre que tu as compris la morale de l'histoire.**

a. *Don't worry* est un impératif qui exprime :

☐ un conseil. ☐ une interdiction. ☐ une permission.

b. Cela veut donc dire :

☐ qu'il ne faut pas s'inquiéter si on a de grands pieds !

☐ qu'il faut s'inquiéter si on a de grands pieds !

c. Réécris cette phrase en gardant le même sens.

Don't worry if you've got big feet! = Don't worry if your ....!

8 **Relis toute l'histoire de Cinderella (pages 126, 138 et 148) et essaie de la résumer. Aide-toi de ces verbes et vérifie s'ils sont irréguliers page 159. Pour rendre l'histoire plus vivante, fais parler Cinderella.**

live work do nothing go to parties watch TV stay at home come take change into invite dance remember run lose find be have marry get married

My name is Cinderella. I lived with my two sisters. They went to parties and I ....

I can do it!

→ Manuel p. 149-150

6

1 Je sais reconnaître la syllabe accentuée et prononcer correctement des mots de plusieurs syllabes. Je souligne la syllabe accentuée puis je vérifie avec l'enregistrement.

pleasure enjoy interesting terrific ridiculous fantastic wonderful vacation competition remember congratulations expensive ambitious handsome

2 J'écoute la même phrase prononcée de quatre manières différentes. Je comprends le sens de chacune de ces phrases en fonction des mots accentués. J'indique le numéro d'écoute.

a. C'est à la Tour de Londres, et pas chez Mme Tussaud, que Laura est allée hier avec Miss Merryn. Numéro ....

b. C'est avec Miss Merryn, et pas avec son frère, que Laura est allée à la Tour de Londres hier. Numéro ....

c. C'est hier que Laura est allée à la Tour de Londres avec Miss Merryn, et pas la semaine dernière. Numéro ....

d. C'est Laura, et pas Brian, qui est allée hier à la Tour de Londres. Numéro ....

3 Je sais trouver la question au prétérit portant sur les mots en caractères gras.

a. Nelson beat the French Navy at Trafalgar **in 1805**.

....

b. Laura saw **Miss Merryn** at the supermarket yesterday.

....

c. Mr Carson took **40** photos in Bath last summer.

....

d. Brian was very happy **because he won the competition**.

....

e. He won **£150**.

....

4 **Je sais parler au passé de personnages célèbres. Je réponds aux questions :** ***Who was he? Where and when was he born?***

a. Shakespeare: writer / Stratford, England / 1564.

....

b. Mozart: musician / Salzburg, Austria / 1756.

....

c. Buffalo Bill (William Cody): cowboy / Iowa, USA / 1846.

....

d. Calamity Jane (Martha Jane Canary): pioneer / Missouri, USA / 1848.

....

e. Charlie Chaplin: actor / Brixton, England / 1889.

....

5 **Je sais raconter la vie d'une personne en utilisant les verbes irréguliers soulignés (voir liste p. 159).**

Walt Disney, US film producer
1901 Chicago

....

1928 Mickey Mouse become famous all over the world

....

1938 make *Snow White*

....

1955 open Disneyland in California

....

1966 die of cancer

....

I can do it!

6 **Pour chacune de ces phrases, je sais dire si *be going to* permet d'exprimer une intention ou de déduire ce qui va se passer.**

	Exprimer une intention	Déduire ce qui va se passer
a. I'm going to spend my holidays in the USA.		
b. The sky is cloudy. It's going to rain.		
c. Are you going to get married?		
d. It's 8 o'clock. The train is going to leave.		
e. They aren't going to visit Mme Tussaud's.		

7 **Je sais coordonner des idées en complétant ces phrases avec *and*, *but*, *or*.**

a. I visited lots of places in London .... I didn't go to Mme Tussaud's.

b. What do you prefer? To come with me .... to stay at home?

c. My Dad took lots of photos in England .... he met his friends in Bath.

d. If you come to California, phone me .... send me an e-mail.

e. I'm going to visit my friends in San Francisco .... I don't want to go there by plane. I hate planes!

8 **Je sais comprendre une courte histoire enregistrée.**

1re écoute

a. How many persons? ☐ three ☐ four ☐ five

b. Their names? ☐ Blacky ☐ Bill ☐ Jimmy ☐ Andy ☐ Tim ☐ Will ☐ Tom

c. Their activities? ☐ going to buy houses ☐ going to build houses

d. What does the wolf want to do? ☐ wants to catch them ☐ wants to watch them

2e écoute

a. Tom is going to build:

☐ a house with straw. ☐ a house with wood. ☐ a house with bricks.

Jimmy is going to build:

☐ a house with straw. ☐ a house with wood. ☐ a house with bricks.

Will is going to build:

☐ a house with straw. ☐ a house with wood. ☐ a house with bricks.

b. They were happy because:

I can do it!

☐ their houses were big and strong. ☐ their houses were nice and strong.

3ᵉ écoute

a. The next day, the wolf:

☐ visited the three houses. ☐ came near the three houses. ☐ built a big house.

b. Tom and Jimmy:

☐ welcomed the wolf. ☐ opened their doors. ☐ shut their doors.

The wolf said to Tom and Jimmy:

☐ I'm going to huff and puff. ☐ I'm going to catch you.

☐ I'm going to get into your houses.

c. The wolf finally:

☐ waited in front of the houses. ☐ blew the houses down. ☐ ran away.

And he:

☐ ate with Tom and Jimmy. ☐ talked with Tom and Jimmy.

☐ ate Tom and Jimmy.

4ᵉ écoute

a. Then, the wolf:

☐ went to Will's house. ☐ went into Will's house. ☐ came back from Will's house.

When he huffed and puffed, Will's house:

☐ fell. ☐ didn't fall. ☐ burnt.

The wolf was angry and said:

☐ I'm going to blow the chimney down. ☐ I'm going to climb down the chimney.

He climbed down the chimney and:

☐ broke a pot of water. ☐ fell into a pot of boiling water.

☐ fell into a pot of cold water.

b. That was:

☐ the end of the wolf. ☐ a pleasure for Old Blacky. ☐ a good surprise for Old Blacky.

Quelle est la morale de l'histoire ?

☐ You mustn't go into the woods because the wolf can eat you!
☐ You must listen to your parents because life is dangerous!
☐ You must build your house with bricks because it's stronger!

Quel titre choisirais-tu pour cette histoire ?

☐ Pigs can't build houses!
☐ The wolf is a dangerous animal!
☐ Be careful! Life is dangerous!
☐ A house made of bricks is stronger than a house made of wood!

Imprimé en France par l'imprimerie Hérissey à Évreux (Eure)
N° d'éditeur : 10119334 - N° d'imprimeur : 101696 - Dépôt légal : avril 2006